绘画小白也可以做到！

一学就会的
图解笔记术

なんでも図解

［日］日高由美子 著　崔荔函 译

本书所介绍的图解笔记术，是一种能够将自己的想法和沟通内容当场可视化的技术。通过动手画图明确问题，你可以更加灵活高效地进行交流；将问题可视化，你的沟通将更有说服力，工作进展也会更加顺利。本书适合职场人士以及在日常生活和工作中经常参与讨论与会议的人阅读。学会本书介绍的技术，你就可以在沟通、会议、头脑风暴、发表演讲等场合中大显身手。

NANDEMO ZUKAI
by Yumiko Hidaka
Copyright © 2020 Yumiko Hidaka
Simplified Chinese translation copyright © 2023 by China Machine Press
All rights reserved.
Original Japanese language edition published by Diamond, Inc.
Simplified Chinese translation rights arranged with Diamond, Inc.
through The English Agency (Japan) Ltd., and Qiantaiyang Cultural Development (Beijing) Co., Ltd.

此版本仅限在中国大陆地区（不包括香港、澳门特别行政区及台湾地区）销售。
北京市版权局著作权合同登记　图字：01-2021-4884号。

图书在版编目（CIP）数据

一学就会的图解笔记术 /（日）日高由美子著；崔荔函译. —北京：机械工业出版社，2023.2
ISBN 978-7-111-72170-3

Ⅰ.①一… Ⅱ.①日…②崔… Ⅲ.①工作方法–图解 Ⅳ.① B026-64

中国版本图书馆 CIP 数据核字（2022）第 231408 号

机械工业出版社（北京市百万庄大街22号　邮政编码100037）
策划编辑：胡嘉兴　　　　　责任编辑：胡嘉兴
责任校对：丁梦卓　梁　静　责任印制：单爱军
北京联兴盛业印刷股份有限公司印刷
2023年6月第1版第1次印刷
145mm×210mm·7.125印张·1插页·127千字
标准书号：ISBN 978-7-111-72170-3
定价：55.00元

电话服务　　　　　　　　　　　网络服务
客服电话：010-88361066　　　机　工　官　网：www.cmpbook.com
　　　　　010-88379833　　　机　工　官　博：weibo.com/cmp1952
　　　　　010-68326294　　　金　书　网：www.golden-book.com
封底无防伪标均为盗版　　　机工教育服务网：www.cmpedu.com

序言
田中的烦恼

我的名字叫田中大。

我在食品生产公司的总部已经工作 5 年了。本来日子过得很平淡,直到有一天我突然接到了被调任到"新事业部"的任命。一直以来默默从事伏案工作的我竟然要去新事业部?起初我还以为是在开玩笑,没想到是真的。

对于习惯了文职工作的我来说,新部门的工作忙得不可开交。我们不仅要反复开会,还要经常参加学习和研讨,根本没有喘息的时间。

每天耳边都充斥着全新的词汇,像"冲刺计划""商业模式画布"等,我都是第一次听说。就这样,曾经平淡的日子顿时一去不复返了。

部门经理的攻势极其猛烈,他总是在出乎意料的时刻突然把问题的利箭射向我。有一次我回答得不够好,于是下班后拼命想了 3 个方案交给部门经理,部门经理却说:"根本不行!"

本以为做得很完美的 PPT,却被批评说:"就是专业术语的罗列!难以理解!"

哎,真想回到原来的部门。

一次开会时,目光游移的我猛然看到,有位同事竟然把大家的意见全部画成图写在了白板上。

他会一边写一边和同事确认:"您说的是这样的吗?""您刚才的话可以这样理解吗?"并且快速地写下来。

就连部门经理也指着这位同事画出来的图说:"对,就是这样。"其他的成员也会各抒己见:"我能想象到实际情况了!""如果这样调整大家觉得怎么样?"原本需要开两个小时的会议不到一个小时就结束了。

记得有一次这位同事给我讲优步外卖的商业模式,他把难以理解的文字用圆圈和线条快速地画出来,非常简单易懂。

比起文字,图解更加简单易懂

优步外卖的商业模式
用户通过优步外卖手机程序订餐,并用信用卡支付餐费和手续费。优步平台安排餐厅和配送员,配送员去餐厅取餐后配送到用户手中。

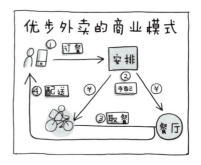

将文字表达的内容画成图能够瞬间传达想表达的内容。

只要画图者当场确认所要表达的内容就不会有误会。

我小心翼翼地问这位同事:"怎么才能像您一样快速地将要表达的内容画成图呢?"

这位同事告诉我,其实他去了一个地方学习。

"不要告诉任何人啊……虽然学习过程有点辛苦,但是你很快就能学会画图了。"这位同事说。

辛苦?到底是怎么回事呢?

虽然辛苦,但是,我想掌握那种"瞬间画图"的技能,好让部门经理也能对我说出:"你做得真不错。"我想要摆脱闷闷不乐的情绪。

于是我下定决心,坚定地敲响了门。

前言
重视速度，要瞬间画出能传达信息的图

本书所介绍的"图解笔记术"，是一种能够将自己的想法和沟通内容当场可视化的技术。画图时重视的是速度，而不是要画出"漂亮的图"，因为画出瞬间就能"传递信息的图"，当场共享信息才是目的。

你可以用"图解笔记术"将复杂的内容简单化，将深奥的内容通俗易懂地表达出来，从而使讨论更加活跃。掌握这种技术可以使你在商谈、会议、发表演讲等场景中大显身手。

只要你会画圈和线，就一定可以画图

也许有人会说："我不会画图呀！"但是没关系，你只要会画圈和线，就一定可以画图。

说到底，"画图"的目的是为了实时共享信息、当场解决问题，那么你要仔细地画"漂亮的图"是来不及的。

你只需要画出"圈"和"线"即可。我将为大家传授"瞬间画出传达信息的图表"的所有技巧。

以最快的速度"用图传达"

我的职业生涯起步于化妆品公司的宣传部门，之后又做了生产公司的设计工作，然后进入 IT 公司，现在我担任艺术指导 (广告、网站等视觉设计的负责人)。

在会议现场有很多项目，因此将脑海中的构思和想法清晰、迅速地传达出去是十分重要的。通过画图明确问题，可以使我们更加灵活高效地进行交流。将问题可视化能够增强我们要表达的内容的说服力，工作进展也会更加顺利。

跳槽后，我与决策者直接推进项目的机会更多了，也被要求在短时间内共享信息、提出想法。

我以最快的速度"用图传达"自己的想法，当场将想法变成"看得见"的内容，以此为基础进行讨论，思考下一步的对策。在这个过程中，我感受到了将"边听、边画、边思考"作为一种"技术"而灵活运用的效果。

举办"关于绘画的魔鬼训练营"，向 4000 多人传授技巧

独享这种技术太可惜了，我也想把它传授给公司内的其他员工。起初我们只在公司内部办学习班，后来应其他公司要求举办了"关于绘画的魔鬼训练营"，每一期报名的学员都会超出规定的名额。我已经向超过 4000 人传授了这种"当场用图传递想法"的技术，也收到了来自学员们的反馈，比如：

"上司说我的表达能力变强了。"

"在讨论销售的网络会议上,我一边图解一边分享,很快就确定了方向。"

"在新产品的开发会议上,关于增加新用户的讨论陷入僵局时,我一边图解一边进行头脑风暴,很快发现了被忽略的问题点。"

如果能好好应用"图解"技术,会上讨论和小组工作就能顺利进行。

如今的商业活动的发展速度惊人,数码工具的多样化、以远程办公为首的工作方式的改革、在线商务洽谈……

"慢慢讨论的会议"和"带着客户的问题,花几个星期的时间制作完美的企划书"的做法已经毫无意义。当场画图共享信息,才不会浪费时间和造成误解。

"我做不到"——这本书就是为这样想的人而写的

为了让不擅长图解的读者在阅读时也能产生共鸣、掌握这项技术,**本书将以老师和学生的"对话形式"展开**。不会绘画的主人公在老师的批评和鼓励下,逐渐体会到"万事万物皆可图解"的道理。让我们一起拿起笔,锻炼"图解的力量"吧!

你画图所需使用的只有"圈"和"线"。

从明天开始,不,从今天就可以开始,请和我一起体会"万事万物皆可图解"的真谛,并将"图解"技术灵活运用到工作中吧!

本书人物介绍

田中大

食品生产公司新事业部的员工

入职第五年,在经历工作调动后每天都感到很迷茫。在追求效率的当下,我看到前辈们在工作中总是可以迅速达成共识,自己陷入了失去自信的状态。我想跟上前辈的步伐,想让身边的人刮目先看,想得到性情急躁的上司的认可,但最想要的是掌握前辈的图解技术。

阎魔老师

我是"图解训练营"的教练,我们的宗旨是"当场图解,加速沟通",撸起袖子拼命画!我因高强度的指导方式得到了大家的高度评价。

CONTENTS
目　录

序言　田中的烦恼
前言　重视速度，要瞬间画出能传达信息的图
本书人物介绍

一学就会的图解笔记术
第 0 天　课程介绍

快速画出图让同事们目瞪口呆吧! ································· 001
"图解笔记术"的5大优点 ··· 009
训练是这样进行的! ··· 012
1分钟热身 ·· 014

一学就会的图解笔记术
第 1 天　掌握"边框"的画法!
让文字瞬间变成"图"!

"图解笔记术"的三大工具 ··· 020
用边框将文字"图形化" ··· 023
区分方形和圆形边框 ·· 027
掌握画边框的必备技能 ·· 030
用气泡表现"对话"和"补充说明" ································· 032
快速理解画"边框"的诀窍 ❶
　画不同的线条让图解更清晰易懂 ································ 034

快速理解画"边框"的诀窍 ❷
　框出想要强调的重点! ·· 036
快速理解画"边框"的诀窍 ❸
　长文本要紧凑! ·· 037
老师有话说　边框要醒目 ·· 039

一学就会的
图解笔记术

第 2 天　掌握"箭头"的画法!
瞬间传达关系性的远程"武器"

没有画箭头的悲剧 ·· 042
箭头应该这样画、这样用! 掌握表示趋势、双向、对立的画法! ················ 045
让复杂内容变得简单易懂的画"箭头"诀窍 ❶
　用曲线表示连锁反应! ·· 050
让复杂内容变得简单易懂的画"箭头"诀窍 ❷
　用不同的线表示微妙的关系性 ·· 052
让复杂内容变得简单易懂的画"箭头"诀窍 ❸
　用箭头的"方向"表示集中、扩散、上升、下降 ·································· 056
老师有话说　要想学会边框和箭头的用法,就多在"自我整理"时练习
　　　　　　使用吧! ·· 058

一学就会的
图解笔记术

第 3 天　掌握"人物"的画法!
引人注意和加速理解的最强图标

1 秒画好人物头像 ·· 062
人物头像的"两种用法" ·· 065
搭配"气泡"组合使用,可以表示人物的"思考"和"状态"! ···················· 069
1 秒画出喜、怒、哀、乐! ·· 073
用"人脸方向"表达关系性和情感 ··· 074
老师有话说　区分人物的画图技巧 ··· 077

一学就会的
图解笔记术

第 4 天　阅读文字，快速图解!

图解文字的 3 个步骤　① 解读整段文字 ················ 082
图解文字的 3 个步骤　② 提取关键词 ·················· 085
图解文字的 3 个步骤　③ 添加"边框""箭头""人物" ···· 086
练习题 ❶　图解 LINE! ································· 087
练习题 ❷　图解 Facebook! ···························· 089
练习题 ❸　图解各种 SNS! ···························· 092
看文图解训练　【6 道初级题】 ························ 094
看文图解训练　【5 道中级题】 ························ 102
看文图解训练　【2 道高级题】 ························ 108
 图解《桃太郎》 ························ 111

一学就会的
图解笔记术

第 5 天　边听边图解的诀窍是"关键词 + 留白"

讨论的现场不等人，实时图解才有意义! ················ 116
留白不可或缺的 3 个理由 ······························ 118
留白多少合适? ······································· 121
快速写下关键词的诀窍 ································ 123
边听边图解的诀窍——"明确发言者" ···················· 125
锻炼"边听边图解"能力的 5 道练习题 ·················· 129
 通过讲故事或与朋友对话来练习"边听边图解" ···· 136

一学就会的
图解笔记术

第6天　开会时也要不慌不忙地"图解"

只要划分好区域，我们也能图解长时间的会议 ⋯⋯ 140
掌握三种类型！　① 时间顺序型 ⋯⋯ 145
掌握三种类型！　② 发散型 ⋯⋯ 150
掌握三种类型！　③ 随机型 ⋯⋯ 152
老师有话说　图标和图解内容越多时越要强调时间顺序 ⋯⋯ 155

一学就会的
图解笔记术

第7天　快速图解！魔鬼输出

图解商品和服务 ❶　"Alexa" ⋯⋯ 158
图解商品和服务 ❷　"PayPay 支付" ⋯⋯ 163
图解商品和服务 ❸　"在哪 GPS" ⋯⋯ 166
图解商业模式 ❶　"LINE 原创表情商店" ⋯⋯ 170
图解商业模式 ❷　"价格.com" ⋯⋯ 173
图解商业模式 ❸　"优步" ⋯⋯ 176
图解有分量的讲话　"WORKMAN" ⋯⋯ 180
提升图解准确度的"5 个技巧" ⋯⋯ 187

后记　为了从明天开始"立即"图解 ⋯⋯ 190
阎魔老师最后的叮嘱 ⋯⋯ 192
田中的来信 ⋯⋯ 193
文具推荐 ⋯⋯ 195
随手就能画的 200 个精选图标 ⋯⋯ 199
结语　难忘的一句话 ⋯⋯ 210

课程介绍

快速画出图让同事们目瞪口呆吧!

阎魔:田中同学,欢迎你!接下来我要教给你的技术叫作"图解笔记术"。

田中:图解笔记术?那是什么呀?

阎魔:这是一种将头脑中的想法快速画成图,展示给别人看的技术。

田中:可是我不会画画啊!

阎魔:没问题!你只要会画圈和线就行!

田中:不瞒您说,画画是我的弱项。小学的时候,我想画一只"大猩猩",结果别人看到说:"你画了哥斯拉啊!";我画了我家的狗,结果别人称赞说"好可爱的猫啊"……关于画画,我有不好的回忆。

阎魔:的确,他人无心的一句话会影响我们,使我们不知不觉产生了畏惧的心理。我希望你思考一下,你5岁的时候是怎样画画的?

田中:您的意思是……

阎魔：回想一下5岁的时候吧!

田中：说起来，5岁的时候我一点也不害怕画画，一画完就会很开心地向大家展示我的作品。

阎魔：没错。我们小时候会把最想传达的东西画出来，然后立刻拿给周围的人看。当场分享自己的想法的画和图，不需要有很强的艺术性!

田中：是吗?

阎魔：不是说不擅长就不能画，也不是说没有才能就不能在大家面前展示。每个人都具有将脑海中的画面展示给他人的能力。

田中：原来如此。进入社会后，我以为必须做出完成度高的东西才能展示，看来并不是这样。

阎魔：没错，重要的是要实时共享信息。图解最适合展示我们脑海中的画面。

田中：原来如此! 如果能做到这一点，再遇到会议内容重复的情况……

阎魔：是的，只要画给他们看，讨论就能进行下去。快速画出来，让争论不休的现场安静下来吧!

画图能使你避免做"无用功"！

 阎魔：你现在为什么事情发愁呢？

 田中：多到说不完。比如最近，我花了一周时间认真思考上司交给我的任务，并且写出了一份"完美的策划方案"，却被上司当场否定了，白白耗费了那么多时间和精力……

 阎魔：完美的策划方案啊……有时候我们的确需要追求完美，但是在你花费好几天的时间完成课题之前，有一件事应该先做。

 田中：是什么呢？

 阎魔：你是不是听完上司的要求就马上离开了？在撰写策划方案的阶段，你有没有问过上司："您是这样想的吗？""您看我理解的大方向是对的吗？"有没有当场以"可视化"的形式确认上司的想法？

田中：可视化？

阎魔：没错，要当场画给他看。这样就可以将对方脑海中的模糊概念可视化。只要你们大致达成了共识，之后你提交的策划方案就不会有太大的问题。

田中：我都没想过这个问题。

阎魔：在确定大致方向后，集中精力去做就可以了。

田中：我每次都以为自己理解了，从而忽略了"当场确认"这件事，所以才会做出偏离主题的策划方案……

阎魔：没错，我把这叫作"恶性循环"。如果能快速地画出来给大家看，就能明确在那个阶段彼此"理解上的差异"和"共识"。

田中：原来我一直在这种恶性循环中。

阎魔：如果大家能共享信息，就可以避免做很多无用功。那么在实际操作中，什么场景需要图解呢？"图解笔记术"的使用场景主要有以下 4 个。

❶ 整理思绪时

要点
- ▶ 速度＞美观
- ▶ 以唤醒记忆为首要目的
- ▶ 日期、顺序要明确

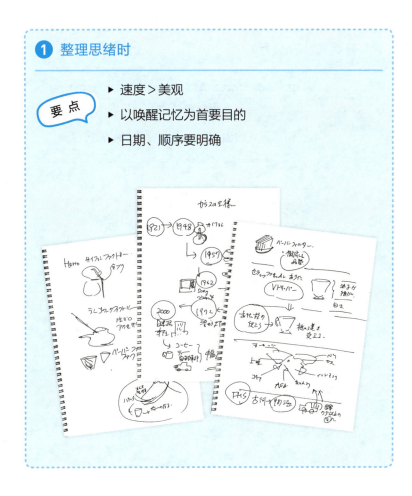

阎魔：如果你只是思考却不记录下来就等于没有思考。我们要把脑海中浮现的想法和关键词记录下来，无论是在记录每天的日程安排，还是在写下待办事项和思考下一步行动，这样做都很有用。

❷ 开会和头脑风暴时

- ▶ 用不同的颜色区分不同意见，保留发散思维，同时进行结构化整理
- ▶ 有意识地留出空白空间以便填写新的内容

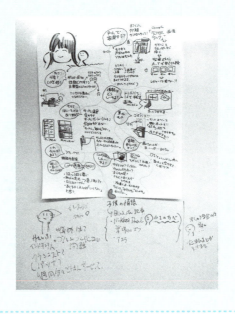

 阎魔：从客户那里接收新产品的信息时，将其特点和要点画成图，你会更容易理解信息的内容。而且，只要画出来，想法就会变得具体，认识上的分歧和方向性的差异也会变得更加明确。图解也能激发想象力，头脑风暴会更有效率。团队提出创意时也十分有效。

❸ 在培训和学习的过程中接收知识时

- ▶ 主题、标题要明确
- ▶ 谈话过程要一目了然
- ▶ 主题、标题、标签要统一
- ▶ 文字醒目,图解易懂

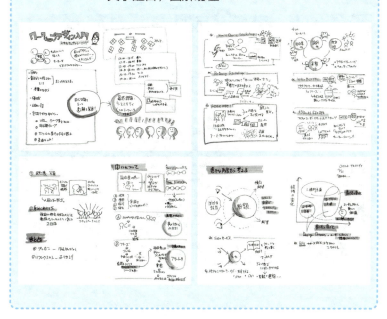

 阎魔: 要实时记录信息。你试想一下参加研讨会或接受培训时的情景。**你写下来的内容更容易留在记忆中,图解有利于你回顾时一边整理一边复习。**

❹ 需要一边演示一边讲时

要 点

▶ 提高可视性，精益求精
▶ 完善字数、线条样式等细节时要设想展示你的想法的场合，图解信息要鲜明醒目

阎魔：在跟别人说自己的计划时，很多时候光靠说是无法让别人理解的。将你想表达的内容可视化，让大家产生兴趣，答疑也会变得容易。另外，你在做报告的时候，若被提问 PPT 上没有的内容，当场写下来再进行说明可以增加说服力。

课程介绍

"图解笔记术"的 5 大优点

阎魔：现在你已经知道图解笔记术的使用场景了吧！

田中：是的，知道图解笔记术除了能在会议中使用以外还能在各种场合中使用，我已经跃跃欲试了。

阎魔：就要这股劲头！下面我告诉你图解笔记术的好处，一共有 5 个！

① 能够使人总览复杂的内容和冗长的说明

阎魔：人们要理解复杂的内容很困难。图解可以助你有效地把握整体情况，同时更容易发现遗漏内容和矛盾点。

田中：确实如此。我曾经参加过一个长达 4 个小时的会议，但是会议传达的内容我一眼就能看懂。

❷ 让讨论气氛更热烈

 阎魔：在多人交谈的时候，声音大的人往往会支配现场。但是，如果把别人小声提出的意见也记录下来，就能收到全体的意见，从而营造出"发言踊跃"的氛围，便于大家展开新的讨论。

 田中：是的，我记得在会上大家以画出来的图为基础积极地提出了各自的意见。

❸ 提升汇报内容的精确度

 阎魔：在思考要汇报的内容时，不能马上制作PPT。首先要将诉求点和框架粗略地整理成图。在这个阶段，你要确认周围人的反应，据此进行修改、补充。

 田中：以往我都是不假思索地制作PPT的，而且过于注重细节。

❹ 提升创造力、想象力

 阎魔：通过画图，你可以从不同的角度看待问题，很多时候还会激发你的想象力。语言和画图相结合，有助于我们不受限制地进行思考。

 田中：这么说来，前辈在谈话中断的时候特意画了一张简单的图就能让气氛活跃起来。

❺ 让解释说明的效果更好

 阎魔：搭配图画一起说明能让你想表达的内容一目了然，也有利于后续的答疑。例如关于新业务的创意，你可以一边展示一边进行说明，便于大家想象和理解。

> 课程介绍

训练是这样进行的！

 田中：老师，我已经了解了图解的优点。但是我怎么才能学会呢？一点头绪都没有……

 阎魔：我会手把手教你的！接下来，我们来看看图解笔记术的训练流程吧！

掌握图解笔记术的四个步骤

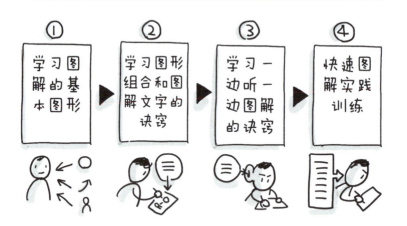

 田中：原来有四个步骤啊。

阎魔：没错，你要在七天内掌握这四个步骤。我来逐一说明吧！

> 第一步 （第 1~3 天）

掌握图解文字所需要的"基本图形"。
▼

> 第二步 （第 4 天）

掌握图形组合和图解文字的诀窍。
▼

> 第三步 （第 5~6 天）

掌握一边听一边图解的诀窍。
▼

> 第四步 （第 7 天）

通过模拟现场的"听写"训练，掌握图解技术。

阎魔：即使你明白了，但如果不动手，图解技术也是绝对发挥不了作用的。一开始你的反应可能迟钝缓慢，但在学习的时候请静下心来，让大脑和手动起来。

田中：好，我明白了！（紧张）

阎魔：通过反复练习，你会彻底掌握将语言转化成图的能力。不要以为你可以"轻松就能画出漂亮的图"，准备接受挑战吧！

> 课程介绍

1 分钟热身

阎魔：准备好纸和笔,开始热身!

田中：是!我准备好了。不过为什么要热身呢?

阎魔：热身的目的是"放松身心"。画线条时过于用力的话书写速度就会下降,而且用力画出的线条"歪歪扭扭不好看"。开会的时候如果领导让你在空白的白板上写字,你多少会有点紧张吧?

田中：确实,如果面对空白的白板我会很紧张!

阎魔：先做个热身运动再画图就容易多了。好了,首先在纸上不停地画圆圈,当然用平板电脑画也可以!

田中：原来如此,我要画画的时候内心就会崩溃,但是画圆圈就没问题了!

阎魔：没错,你再也不用害怕白纸了!

阎魔：圆圈的直径大约为 5 厘米。注意把起点和终点连在一起,连续不断地练习画圆圈,直到把白纸画满为止。

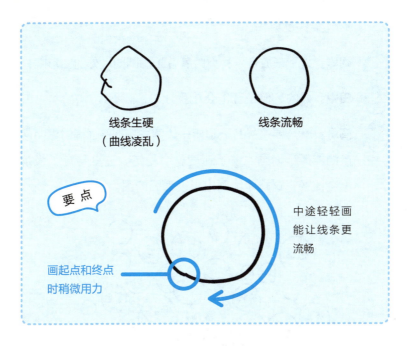

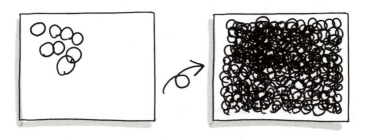

 田中：我的手开始疼了。

 阎魔：手疼说明你没有放松，要放松肩膀，迅速而有节奏地画！你还没有画满整张纸吗？那说明你还没有形成条件反射!

 阎魔：接下来放音乐！你跟着音乐画圆圈以外的图形吧！

 田中：好的！但是音乐会让我分心，画不好。

 阎魔：就是要这样！<u>一边听一边画，是训练你同时做两件事的能力！</u>你画习惯了速度就会稳定，速度稳定了线条就会流畅，这样才能画出可视性强的图。

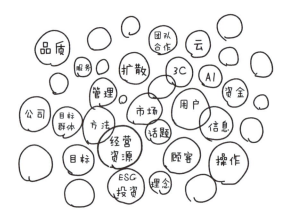

 田中：现在我画圆圈画得越来越好了。

 阎魔：认清自己的问题并加以调整，你就能充满自信地画图。不管是在手账上还是在平板电脑上，只要有时间你就认真练习画圆圈吧。下面我们正式开讲。

阎魔：用这套装备迎战接下来的训练吧！

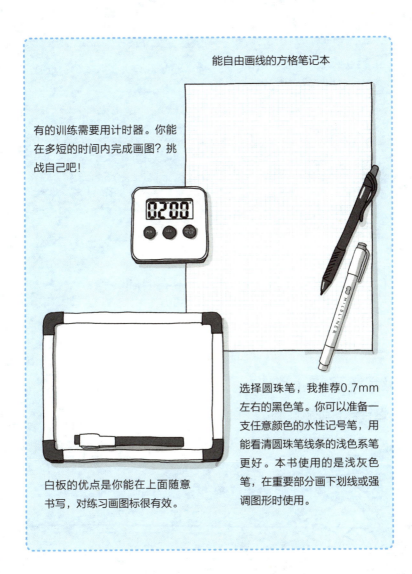

能自由画线的方格笔记本

有的训练需要用计时器。你能在多短的时间内完成画图？挑战自己吧！

选择圆珠笔，我推荐0.7mm左右的黑色笔。你可以准备一支任意颜色的水性记号笔，用能看清圆珠笔线条的浅色系笔更好。本书使用的是浅灰色笔，在重要部分画下划线或强调图形时使用。

白板的优点是你能在上面随意书写，对练习画图标很有效。

你要想以最快的速度图解，就没有时间考虑"画什么内容"这个问题。首先，我教你了解最强的工具——"边框"。

给文字画上边框。
这样做，你就能画出"图"！

一学就会的
图解笔记术

第 1 天

掌握"边框"的画法!
让文字瞬间变成"图"!

一学就会的图解笔记术

"图解笔记术"的三大工具

  田中：老师，就算你让我"快点画"我也想象不出该怎么画，我只知道写字……

  阎魔：文字当然很重要，毕竟有很多内容不能用图来表示，这个时候写字更容易表示。但是，仅靠文字很难实现"瞬间传达"你想表达的内容。

  田中：听起来好像很难。（哎，我已经开始打退堂鼓了。）

图解的三大工具

边框	箭头	人
○	↗	👤

阎魔：使用"边框""箭头""人"画图，瞬间就能传达信息。

阎魔："边框"使文字作为"图"的要素更加突出，"箭头"可以表示各要素间的关系，"人"可以帮助我们加速理解。

田中：原来如此，感觉很简单呢！

阎魔：田中，你在做笔记时是不是在纸上写满了文字？

田中：是的，我经常这样做。有时候回看自己写的东西会感到不知所云，根本想不起来记录的信息到底是什么意思。

阎魔：你给文字画上边框，就可以将文字和段落用"块"来表示，能把关系性表达得更清晰。

田中：关系性？

阎魔："对于 A 公司来说 B 公司是竞争对手"，类似这样的内容便能一目了然。比如：

> 题目 A 公司的子公司 A 和 B 公司的子公司 B 结合，成立了新公司 C。

阎魔：假设你要把这句话画成图。

田中：我完全不明白……

阎魔：喂！你放弃得太早了！使用边框和箭头就能画出这样的图。

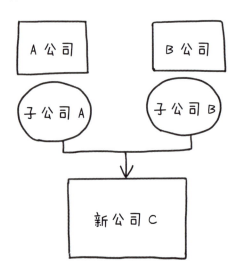

 田中：原来如此！这样画就变成图了，各要素的关系性也一目了然。

 阎魔：嗯，画圈是将文字"变成图的要素"，箭头可以"连接、移动各要素"，这些都是能让谈话结构化的。关于"箭头"和"人"，以后我再详细讲解。

一学就会的图解笔记术

用边框将文字"图形化"

 阎魔：世界上也有很难画成图的事物。田中，你有过画不出图的经历吗？

 田中：当然有啊！

 阎魔：比如？

 田中：前几天我在会上听别人说了"7S"框架，我想画图，但我画不出来……

 阎魔：是什么样的内容？

 田中：我记得是这样的……

题目 "7S 是用战略、组织、系统、价值观、能力、人才、文化这 7 个要素分析企业资源的框架。"

 阎魔：我知道了，不过你不用苦恼。

 田中：是吗？

阎魔：首先，你把各要素写下来吧。

战略　　　　　组织

　　　系统　　　价值观

能力　　　人才　　　文化

 阎魔：然后再爽快地把各要素圈起来吧。
 田中：哦？

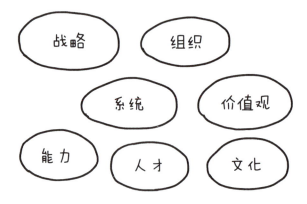

 田中：原来如此！只要写下文字再画上边框就会使信息变得更加醒目。

阎魔：对，你不需要勉强画图。最后，你再写下"7S"就完成了。

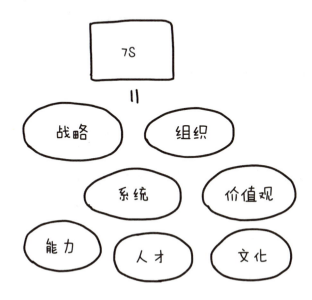

阎魔：记住，边框可以使文字符号化，这样更容易与其他要素区分开，便于图形化。接下来要怎么做呢？

> 题目 顾客与企业的协作。

田中：直接写下"顾客"和"企业"，然后……

阎魔：用线将它们连接起来就能表示"协作"！

 阎魔：很好！接下来要怎么做呢？

| 题目 | 通过顾客和企业的协作建立社区。 |

 阎魔：社区来自于顾客和企业的协作，所以要从"顾客—企业"的中间处向下画线，在下方写上"社区"。

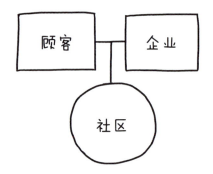

 田中：这样一下子就画出图了！

 阎魔：把要素与要素组合在一起就形成了图。记住，画边框是图解的第一步。

区分方形和圆形边框

 田中：方形边框和圆形边框要如何使用呢？可以随意用吗？

 阎魔：不，随便用是不行的。比如刚才的图，如果全都画成圆形边框就会变成下面这样。

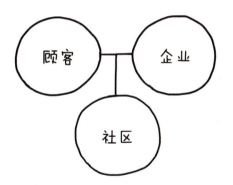

 田中：我觉得这样画也很好啊。

 阎魔：顾客和企业是并列关系，可以画上同样的方框，社区可以理解为由此产生的变化，因此要为其画上圆形边框。

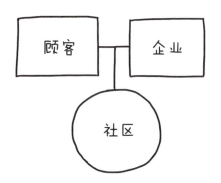

田中：画图时采用不同的边框形状确实可以让图更加醒目啊！

阎魔：对。因为方形有稳定感，所以适用于表示企业、文件、数据等内容。

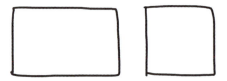

阎魔：相较于方形，圆形会给人柔和的感觉，适用于表示抽象的语言。我们来看下一页的表格。

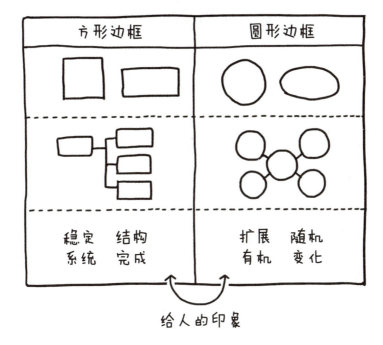

 阎魔：为了更好地使用方形边框和圆形边框，有必要充分了解它们的特性。

 田中：我会记住方形边框是"稳定"，圆形是"扩展"。

 阎魔：为了便于理解，你应该选用不同的边框。一开始，即使你画歪了也不要紧，速度优先！

一学就会的图解笔记术

掌握画边框的必备技能

 阎魔："××包含在××中"这样的表达无论是在会议中还是在工作流程说明中都经常出现。例如：

> 题目 在"住宿费""交通费"和"餐费"中，属于差旅费的是"住宿费"和"交通费"。

 田中：似懂非懂……我有点混乱。

 阎魔：我们可以使用边框画出简单易懂的图，你看。

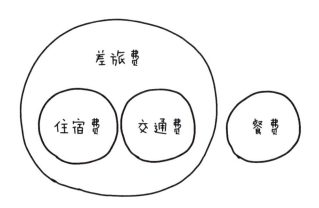

阎魔：句子的意思再复杂一些也可以。

题目 企业的间接部门包括人事部和总务部，不包括开发部和营业部。

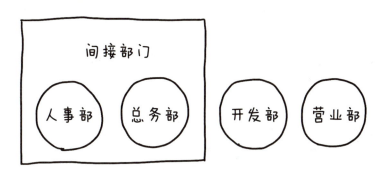

 田中：原来如此！这样看起来比读文字更容易理解。

 阎魔："A由B构成""A、B、C由D构成"等也可以用这种"包含"图示来表示。越是复杂的内容，使用包含图示越容易传达要素间的关系性。

用气泡表现"对话"和"补充说明"

 阎魔：为了让图更容易被大家理解，我们还可以使用"气泡"。

 田中："气泡"经常出现在漫画中。

 阎魔：嗯，<u>它不仅可以表示人物的对话，还可以起到补充说明的作用</u>。随着图解越来越复杂，气泡用于标记要点会十分有效。

气泡的各种应用场景

实线	▭ ◯	通常用法
虚线	▭ ◯	补充说明 内心独白
变形	✹ ╲│╱	强调 大声说话 喝彩、助威

阎魔：通过练习下面这些例题将气泡的运用牢记于心吧！

> 题目 为减轻员工的压力，产业医师㊀和企业的合作很重要（每月提交一次报告等）。

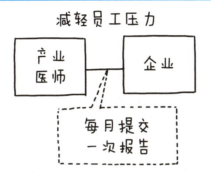

> 题目 增加销售额的方法：获得新客户、提高客户单价、防止客户流失。（针对现有客户，提高客户单价、防止客户流失等方法更有效）

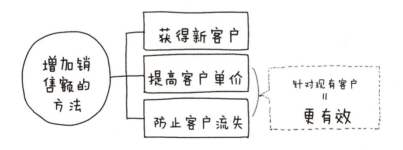

㊀ 在日本《劳动安全卫生法》中指在施工现场对施工人员实行健康管理、卫生教育等医学措施的医生。

一学就会的图解笔记术

快速理解画"边框"的诀窍 ❶
画不同的线条让图解更清晰易懂

 阎魔：画图时我们通常会使用实线边框,如果再加上虚线和双线就会使图的内容更加简单易懂。双线表示强调,虚线表示假设、补充。

边框的区分应用

实线	□ ○	通用
双线	▣ ◎	强调
虚线	⬚ ○(虚)	假设 补充

阎魔：接下来，你尝试画出下面的内容吧，注意区分边框的形状。

> **题目** 业态有"直营店铺""特许经营店铺""连锁店铺※"三种，但是否开展连锁店铺的销售尚未确定。
>
> ※ 连锁店铺比特许经营店铺结构更松散，能够以相对自由的方式运营店铺。

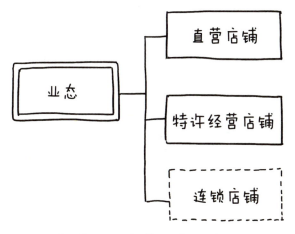

田中：这样画出来的图很好理解！原来虚线是这样用的！

阎魔：使用双线和虚线画图能加快传递信息的速度。

一学就会的图解笔记术

快速理解画"边框"的诀窍 ❷

框出想要强调的重点!

  阎魔:田中,你如何画"销售额的80%"的图示?

> 题目 销售额的80%。

  田中:像这样吗?

（销售额的 80%）

  阎魔:没错!但是图还可以画得更醒目!

（销售额的 80%）   ▶销售额的

  田中:原来可以只圈出"80%",把"销售额的"这几个字写在旁边!

  阎魔:只给想强调的内容画边框,这样画出来的图就会更加醒目,图的内容也能被大家迅速理解。

一学就会的图解笔记术

快速理解画"边框"的诀窍 ❸
长文本要紧凑!

阎魔:对于下面这句话,怎样画图才能让它看起来简单易懂呢?

> 题目 ▶ 开展合规管理的相关工作。

田中:把文字圈起来……您看,是这样画吗?

> ⟮ 开展合规管理的相关工作 ⟯

阎魔:喂!你把这么长的词组全部圈起来,只会让人看不懂!

田中:那怎么办呢?

阎魔:重点是,**处理长单词和句子时要在合适的地方换行!**

 田中：原来如此！换行之后关键信息一下就清晰了。

 阎魔：没错，你画一个长边框也不是不可以。但是对于看图的人来说，尽量不移动视线才能使其更快地了解内容。

 田中：我明白了！就像这样画对吧！

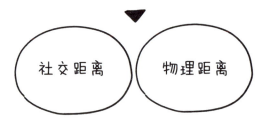

 阎魔：田中，做得好！

> 老师有话说

边框要醒目

 阎魔：边框固然重要，但你不能想着把要素"全部框起来"。如果把所有要素都用同样的框框起来，反而让人难以理解。

> 题目 ▶ 成为顾客的必要条件是"认知""关注"和"购买"。

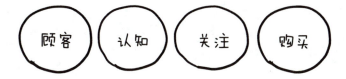

 阎魔：相较于采用同样的边框，不如：

 阎魔：不给"顾客"画边框，只把并列的三个要素框起来，这样要素间的关系性便更清晰了。

灵活运用图解的最强工具——箭头。
让信息瞬间丰富!

一学就会的
图解笔记术

第 2 天

掌握"箭头"的画法!
瞬间传达关系性的远程"武器"

一学就会的图解笔记术

没有画箭头的悲剧

阎魔：今天我们来学习箭头的画法。箭头有帮助大家快速理解的功能。

田中：这样说会不会太夸张了？

阎魔：如果没有箭头，我们就既不能组装家具，也不能去成田机场！

田中：这是重点吗？

阎魔：只要画出箭头，再复杂的内容也能变得易懂。例如下面这句话，如果用箭头画成图就能使复杂的内容一目了然。

> **题目** 投资者对企业进行ESG投资，企业为投资者带来回报。

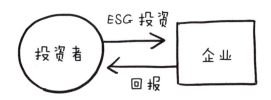

田中：的确如此！

 阎魔：人、系统、数据的移动、访问的顺序、资金的流动、组织的关系，当我们想要表达它们之间的关系时，如果只用普通的线来连接要素，能传达出其中的含义吗？

> 题目 竞拍者收到拍卖者发送的商品后付款。拍卖网站接受来自拍卖者的商品，竞拍者在拍卖网站上出价。拍卖者和竞拍者互相评价。

 阎魔：图解这段话如果不用箭头就会画成这样。

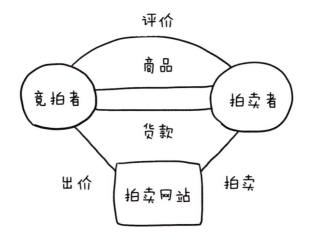

 田中：这样画完全看不明白。

 阎魔：是吧？但是只要画了箭头一下子就能看懂了。

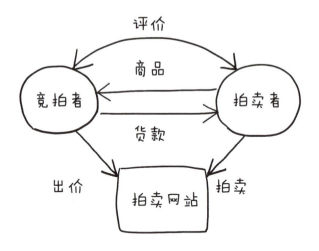

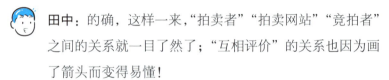

田中：的确，这样一来，"拍卖者""拍卖网站""竞拍者"之间的关系就一目了然了；"互相评价"的关系也因为画了箭头而变得易懂！

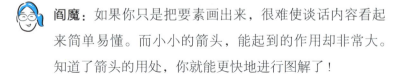

阎魔：如果你只是把要素画出来，很难使谈话内容看起来简单易懂。而小小的箭头，能起到的作用却非常大。知道了箭头的用处，你就能更快地进行图解了！

第2天

一学就会的图解笔记术

箭头应该这样画、这样用！
掌握表示趋势、双向、对立的画法！

 阎魔：箭头的表达形式有很多种，但你没必要全部记住。用于图解的基本类型有"**趋势、双向、对立**"三种。

 田中：趋势？双向？对立？

 阎魔：我来逐一讲解！

❶ 趋势

箭头的后端表示原因、出发点，
箭头的前端表示结果、目的地。

【移动】从 A 移动到 B

题目 ▶ 从 A 公司跳槽到 B 公司。

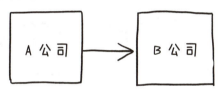

045

【变化】A 变成 B

题目 ▶ 从平成到令和。

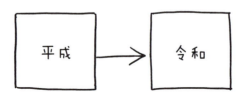

【顺序】A 之后是 B

题目 ▶ 接收受理确认的邮件之后,再接收订单确认的邮件。

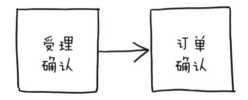

【因果关系】因为 A 导致 B

题目 ▶ 因为 ×× 在 SNS 上被广泛传播,导致咨询的人增加。

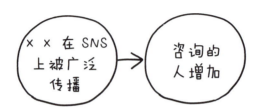

❷ 双向

平行却指向不同的两个箭头，用于表示"交换"或"相互作用"。

【交换】A 对 B 起作用，B 对 A 起作用

题目▶ 派遣员工 A 就业于派遣企业 B，企业 B 对员工 A 进行指挥和命令。

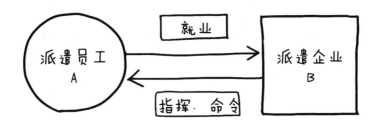

【支付】A 和 B 进行交易

题目▶ 制造商 X 公司和零售商 Y 公司进行交易。

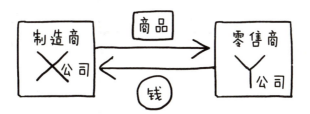

❸ 对立

两个箭头朝向相反，
表示"对立""竞争"等。

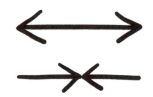

【对立】A 和 B 是对立关系

题目 A 上司和 B 上司对立。

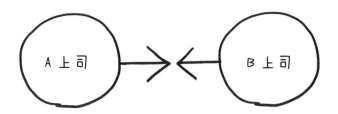

【竞争】A 和 B 是竞争关系

题目 A 公司和 B 公司是竞争关系。

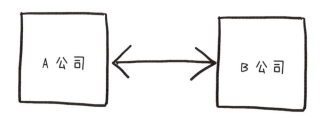

田中：关于"对立"有两种表达方式,那在什么情况下使用这个箭头呢?

 阎魔：这个箭头表示"冲突""争执""水火不容的关系",你在使用时要选择适当的箭头。为了能熟练画出来,你把下面这个表铭记于心吧!

箭头的不同使用场景

趋势	双向	对立
→	⇄	↔ / →←
移动 变化 顺序 因果关系	交换 支付	对立 竞争

一学就会的图解笔记术

让复杂内容变得简单易懂的
画"箭头"诀窍 ❶

用曲线表示连锁反应!

 阎魔:现在 PDCA 这个词很常见,你听说过吗?

 田中:当然,这是常识嘛。

 阎魔:那你来画一下吧。

 田中:我画好了!

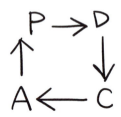

 阎魔:嗯,你这样画虽然不能算错,但你还是画得太简单了。

 阎魔:这样画会使图片内容更加直观易懂!

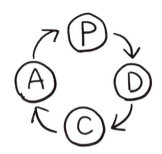

田中：原来如此，表示周期和循环的时候用曲线更好。

阎魔：是的，直线传达的是静止、确定的关系，而曲线传达的是动态变化的关系。我再举一个例子让你记住曲线的使用方法，同时复习一下圆形、方形、虚线的应用吧。

> **题目** 所谓资金循环，是指筹集资金、投资事业、销售、回收、偿还资金这一过程的循环。

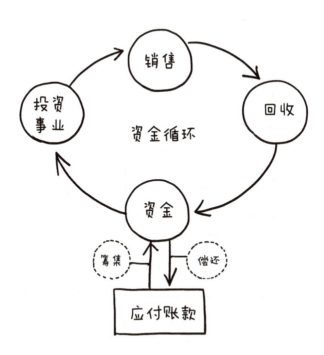

一学就会的图解笔记术

让复杂内容变得简单易懂的 画"箭头"诀窍 ❷

用不同的线表示微妙的关系性

阎魔：只要对箭头的画法稍作改动就会使画出来的内容变得容易理解。你先记住这三种画法吧。

箭头的不同应用：虚线、波浪线、双线

虚线	⇢	假设 补充
波浪线	～➤	混沌 迷茫
双线	⇒	强调

❶ 虚线

用于表示未来的、可能性较低的事情，也就是目前没发生的、不确定的事情。

阎魔： 虚线也可以用来表示"看不清事物的动向"。比如，把下面的文字画成图时也可以使用虚线。

> 题目 用户通过搜索访问网站。

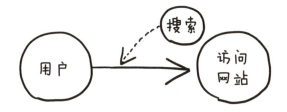

阎魔： 画虚线可以对内容进行补充使其更容易被理解。

❷ 波浪线

用于表现混沌和迷茫的状态。

❸ 双线

用于表示强调或表现紧密联系。

 阎魔： 想快速图解的时候，你总不能不停地换笔吧？但是，如果你掌握了线条的变化画法，稍微花点心思就可以使内容变得容易理解。接下来的题目该怎么做呢？

> **题目** 短期目标是做到"地区第一"，接下来我们想进入其他县的市场。目前很难进入海外市场，应该推迟。

 阎魔： 使用不同箭头画图的话，你回看的时候就更明晰了。

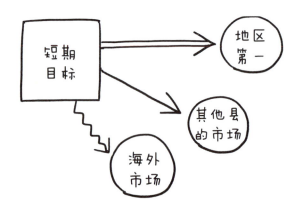

 田中： 这样画确实有助于理解！

阎魔：好，我们再来练习一道复杂一点的题吧。

> **题目** C 公司向 A 公司提出合作，但 A 公司和 B 公司已经达成了合作；E 公司对 A 公司和 B 公司的合作感到不满；A 公司对 D 公司的影响很大。

 阎魔：用同一种箭头来画图就会画成下图这样。

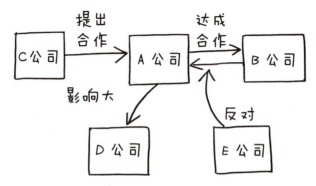

 阎魔：但是使用不同的箭头来画图就会使内容容易理解得多！

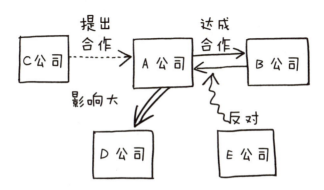

一学就会的图解笔记术

让复杂内容变得简单易懂的
画"箭头"诀窍 ❸

用箭头的"方向"表示集中、扩散、上升、下降

阎魔:"商品信息在 SNS 上快速传播""订单集中到 A 公司"等状态,用箭头来表示也比较快。

题目 商品信息在 SNS 上快速传播。

题目 订单集中到 A 公司。

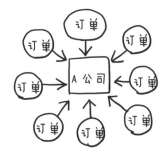

阎魔:箭头还能表示上升、下降等趋势。

题目 从 A 状态发展为 B 状态。

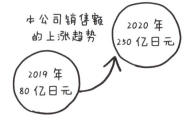

> **题目** 今年的××产量在不断减少，明年将进一步减少。

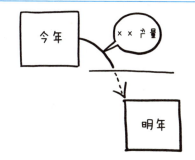

 田中：只是改变一个箭头方向却能使表达的含义产生这么多变化。

 阎魔：我已经把箭头的用法总结制成表格了，你要牢记啊！

箭头的应用需注意"方向"

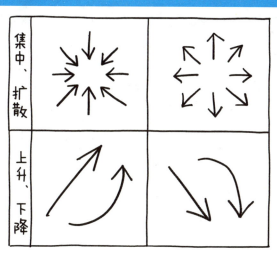

老师有话说

要想学会边框和箭头的用法，就多在"自我整理"时练习使用吧！

田中：好不容易记住了边框和箭头的用法，过不了多久就又会忘记。

阎魔：只有反复使用基础工具才能将其用法刻进骨子里，融入血液中！

田中：好吧，那怎么才能将基础工具的用法刻进骨子里，融入血液中呢？

阎魔：首先用一周的时间，有意识地用边框和箭头做图解笔记。我推荐你一边进行"自我整理"一边练习，只需5分钟就可以完成。

田中："自我整理"就是指整理自己头脑中的想法吗？

阎魔：对。比如把"怎样才能让每个月的零花钱变得更多？"这句话用图解表示，你会怎么做？

田中：这还真是一个现实的问题……我每个月的零花钱只有一千元，希望我妻子能明白这个金额是多么的不现实。在公司周边的餐厅吃一次午饭就要花几十元，如果一个月去公司20天，光是吃午餐零花钱就用完了。便利店的甜品对我来说都是"奢侈品"，现在我都快没有工作的积极性了……

阎魔：那你能把这些想法用图解表达出来，并且增加你的零花钱吗？用边框和箭头画出来吧。

 阎魔：比如这样。

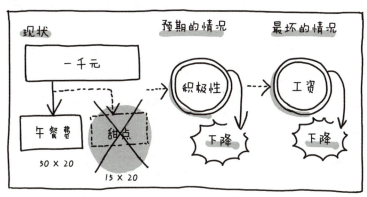

 田中：好棒啊，这样做或许我就能向妻子汇报清楚了！我也要尝试一下！

 阎魔：即使是做小小的笔记，在图解的过程中也能锻炼抽象化表达的能力和展现事物关系性的能力，还能整理思绪。

 田中：一天花五分钟时间，把当天的计划画出来也不错呢。

 阎魔：对，不需要大型主题，你可以在回顾图解的时候提出一些改进意见，比如"画上这个箭头更好理解""这个边框似乎没必要画"等。

 田中：原来重要的是反复练习啊！我试试看！

使用"熟悉""容易理解"的人物头像
图解的范围就能扩大!

一学就会的
图解笔记术

第3天

掌握"人物"的画法!
引人注意和加速理解的最强图标

第3天 一学就会的图解笔记术

1秒画好人物头像

阎魔：今天我们来学习"人物头像"的画法！

田中：老师，我想问一下，图解时为什么需要画人物头像呢？

阎魔：嗯，人物头像有两个特征，即"**熟悉**"和"**引人注意**"。例如下面这句话：

题目▶ A公司向用户提供服务，用户支付服务费用。

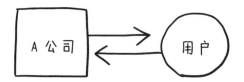

阎魔：比起只画边框的图解……

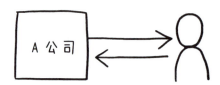

阎魔：使用人物头像的图解，要素间的关系性更一目了然吧？

田中：的确如此。越是要画复杂的关系，灵活运用图标就越有效。不过，只用圆圈和线真的可以画出人物吗？

阎魔：当然！1秒就能画出来！看好了！

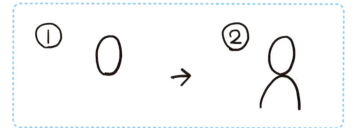

田中：啊？画得这么简单可以吗？

阎魔：当然可以。这个"01号"可是大有用处。

01号

只有人头和上半身的超简易人物头像，画起来迅速又简单，因此用处非常广泛。

田中：老师，为什么叫它"01号"呢？

阎魔：因为它象征着"从0到1的创新"。

田中：我有点无法理解。

 阎魔：开个玩笑。只是因为它的头是 0 的形状，身体是曲线，所以叫"01 号"。

 田中：（这么简单的理由？）

 阎魔：你在嘟囔什么？简约至上！要想当场快速画图，关键还是要反复训练！

 田中：是这样吗？

 阎魔：接下来你挑战一下 30 秒内能画多少个人物吧！

 田中：（画得气喘吁吁）老师，要画好多人啊。

 阎魔：冷静点，大概 30 秒能画 40 个人物就可以了！

一学就会的图解笔记术

人物头像的"两种用法"

田中：在什么情况下应该使用人物头像呢？

阎魔：主要有两种情况。第一种情况是**想要明确表示商业模式等图解中的角色和人的作用时**。

阎魔：例如下面这句话，用边框和箭头应该这样表示。

> 题目 顾客的咨询记录会保存在数据库中，并生成自动FAQ（常见问题）。

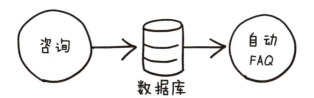

阎魔：虽然这样也能传达信息，但是使用人物头像来表示会使图像内容更容易被理解。

田中：画了人物头像之后，我一眼就能看懂了！

> 题目 向购买 A 公司商品的用户发送商品时附赠样品，让其分发给其他用户，增加其他用户对商品的认知度。

 阎魔：描述这段话时如果不使用人物头像，就会画成下面这张图。

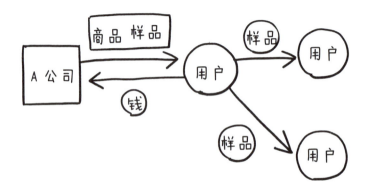

 阎魔：而使用人物头像就能使图像内容变得更清晰易懂。

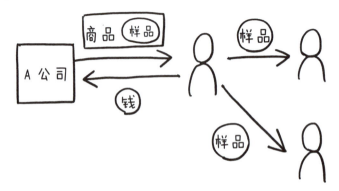

阎魔：使用人物头像的第二种情况是，**为了更好地描述与人相关的服务、状况、状态。**

用于更好地描述状况

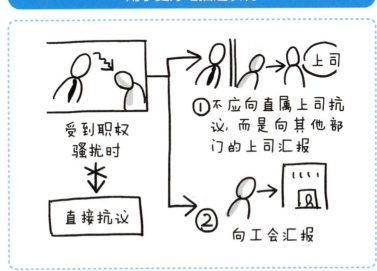

田中：哇！这种图解很简单易懂！

阎魔：田中，你有没有参与过新服务的设立和改善方案的讨论？

田中：有，我平时有很多头脑风暴的机会。

阎魔：这个时候，人物头像就派上用场了。

田中：如何使用呢？

阎魔：比如想象用户的具体需求，思考服务会给用户的生活带来怎样的变化时，使用人物头像将形象可视化，讨论的内容自然会更加深刻。

田中：原来如此……

阎魔：因为图解只是讨论的基础，所以没必要画得很漂亮，只需在画图时稍微增加一些变化即可。

一学就会的图解笔记术

搭配"气泡"组合使用，可以表示人物的"思考"和"状态"！

阎魔：使用人物头像还能简单地表示人物的思考和状态。例如下面这道题，只要给人物画上一个气泡就能很好地表示其状态。

> 题目 购买商品前用户的状态有三种：仔细询问商品详情；凭直觉马上购买；深思熟虑。

阎魔：这样就可以直接表示出用户的"疑惑""思考"等状态。

田中：人物和气泡组合使用就能增加信息量了！

阎魔：嗯，画气泡很快，插入其中的可以是符号也可以是文字。即使不画气泡，仅仅添加一个"……"，看起来就像是"正在思考"。当然，直接把文字写在旁边也可以，但如果加上气泡，就更容易明白"谁""说了什么"。另外，使用多个人物还可以表现"关系性（状态）"。

例：两人

交流　　　　　断绝联系　　　　认真思考

例：多人

意见一致　　　对某个想法有疑问　　在众人中孤立一人

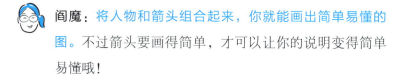

阎魔：将人物和箭头组合起来，你就能画出简单易懂的图。不过箭头要画得简单，才可以让你的说明变得简单易懂哦！

> **题目** 参与型组织
> 传统的组织是以领导"管理"为中心,在倡导"成果主义"的团队中,只有少数明星员工会受到关注。现在,领导更重视团队协作和个人能力的发挥。

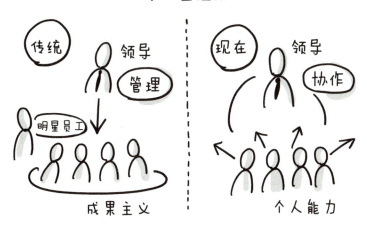

 阎魔:对于人的行动和感情,画"表情"能更好地表达!

 阎魔:你看看下面这道题。

> **题目** 退休后在 SNS 上支持企业的员工;
> 离职后在 SNS 上发表恶意言论攻击企业的员工。

无表情 **有表情**

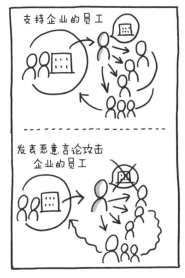 

 阎魔：画出表情，能更好地传达信息吧？

 田中：原来如此！画出表情就能快速再现当时的状况呢！

 阎魔：没错。在做演讲或表达想法时，如果在展示资料中加入有表情的人物，会使你要表达的内容变得更容易被人理解。

一学就会的图解笔记术

1秒画出喜、怒、哀、乐!

田中：我应该怎么画表情呢？

阎魔：非常简单！只需要在人物脸上画线就行！

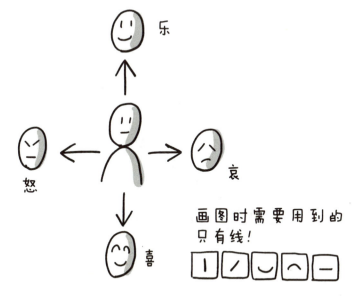

田中：这么简单！

一学就会的图解笔记术

用"人脸方向"表达关系性和情感

 阎魔：表示"员工之间有矛盾""用户遇到困难""使用APP的用户有哪些反应"等关系性和情感时可以画上"人脸方向"和"箭头"。

 阎魔：人物的脸面向同一个方向，可以表示"团队合作""拥有相同的目标"等含义。

 田中：我懂了！

 阎魔：如果人物的身体挨得很近，但脸面向相反的方向，就表示"内讧""只是表面和谐的团队"等含义。

 田中：这正是现在的我和我的上司……

 阎魔：加油吧，你们总有一天会变成下图这样。

 田中：我有点害怕。

 阎魔：要想把人物区分开，只需要在图画时加线！有时候我们需要画两人以上，这样做就行了！

❶ 画斜线区分人物
❷ 改变人物肩膀的形状
❸ 为人物画上领带（或者在中间画一条竖线）

❹ 为人物画上帽子（或者在人物的头上画一条横线）
❺ 改变人物的体型（把人物的身体曲线画得更弯）
❻ 用发型区分人物（为人物画上刘海线或在鬓角画旋涡）

区分人物（2人）

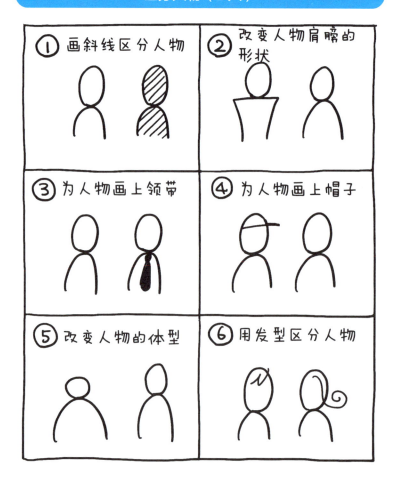

> 老师有话说

区分人物的画图技巧

 阎魔：如果你能迅速地记录下每个人的情况,这在提出创意和讨论等方面会很有帮助。下面我介绍几种画法。例如,如果要表现人物的失落,可以这样画。

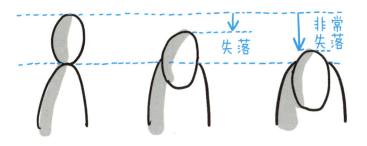

 阎魔：在画头时稍微向下移动头部,就能画出人物低着头的状态(消极的表现)。如果是画正在对话的人物,你可以这样画。

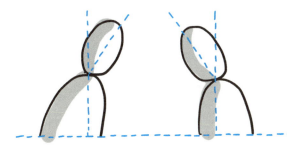

 阎魔：将人物的身体稍微倾斜,可以表现身体的方向和人物间的关系性。

 阎魔：如果你想要表现出年龄差，可以把孩子的头画得圆一些。这些画法在关键时刻也许会派上用场，建议你记下来！

 田中：有没有既能快速画图，又能让图解简明易懂的工具呢？像是图标、符号一类的东西……

 阎魔：那么，为了回应田中真挚的请求，我就来介绍一下高效好用的图标和符号！

 田中：只有这些吗？

 阎魔：只有这些！当你没有时间写文字时，或者需要补充说明时间、地点等信息的时候再使用吧！你想画的东西会随着不同的场合和情况而变化，所以你再慢慢添加图标就可以了。

 田中：我明白了！

简单易画的图标和符号（严选）

建筑公司			地球世界		
工厂			日本		
产品物品			环保		
电脑工作			主意想法		
数据文本			钱资金		

概括、总结	与……相同、等于	相近	大于、小于	因为
}	=	≒	><	～
例如	惊讶、注意	疑问、不明	加	乘号、不好、不行
ex.	!	?	+	×

第 **3** 天 掌握「人物」的画法！

在学习了基本图形后，我们来运用这些图形不断练习吧。

阅读文字并快速图解。
我们开始训练吧！

一学就会的
图解笔记术

第4天

阅读文字，快速图解！

一学就会的图解笔记术

图解文字的 3 个步骤

① 解读整段文字

阎魔：今天，我们就来训练短时间内图解文字吧！

田中：当我看不懂报价资料的时候，前辈会马上将资料绘制成简单的图表，告诉我"是这么回事"。他这样做帮了我很大的忙。

阎魔：嗯，图解文字也可以用于将资料简明地归入企划书中。即使是针对比较复杂的说明，画成图之后也很容易理解。对于文字的图解可以按照以下 3 个步骤来进行！

第 1 步　解读整段文字
▽
第 2 步　提取关键词
▽
第 3 步　添加"边框""箭头""人物"

田中：第 1 步的"解读整段文字"是指什么呢？我不是很明白……

阎魔：我们可以从以下三点来考虑，这段话是表示"状态、结构",还是表示"因果关系、变化",或者表示"扩散、收集"的含义?

了解句子的"三种类型"

状态、结构	因果关系、变化	扩散、收集
A 是 B A 由 B 和 C 组成 等等	A 和 B 互相往来 从 A 变成 B A、B、C 循环 等等	从 A 向 B、C、D 扩散…… B、C、D 集中于 A 等等
用直线连接 图形并列排列	用箭头表示变化 按时间顺序排列	·由一个图形发散出多个箭头 ·多个箭头指向一个图形
举例	举例	举例
公司方针由"诚实""知识""挑战"三点构成	接受订货,提交订单,将信息输入数据库	A 公司的交货地涉及 B~G 公司

田中：老师，我越来越看不懂了。

阎魔：我来说明一下。如果一段话的内容是"A 是 B""A 由 B 和 C 组成"等表示"状态、结构"的类型，图解时画的图形往往可以并列。这在图解"公司的理念"等内容时经常使用。

田中：确实，在公司简介中经常能看到三个圆形重叠的图和金字塔型的图！

阎魔：如果一段话的内容是"A 和 B 互相往来""从 A 变成 B"等表示"因果关系、变化"的类型，图解时就可以用箭头画图表示变化。人们在对服务和商业模式进行图解说明时，几乎都是采用这种模式。

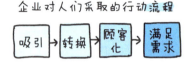

阎魔：如果一段话的内容表示"扩散、收集"的类型，当想表达"B、C、D 集中于 A"这种情况时图解的箭头便指向一点，当想表达"从 A 向 B、C、D、E 扩散"这种情况时图解的箭头便从一点扩散开来。

田中：原来如此，我理解了！

一学就会的图解笔记术

图解文字的 3 个步骤

② 提取关键词

  阎魔：提取专有名词和无法删去的词，去掉关联词和可以省略的词，关键词就会一目了然。

  田中：原来如此，但我还是不确定应该去掉哪些词。

  阎魔：那我们就用简单的题目练习一下吧。

> **题目** 顾客在购买商品时，不看"功能"，而是看"价值"。

  田中：关键词应该是这些，对吗？

      顾客   商品

          购买

      功能   价值

  阎魔：对！我们只需写出重要的关键词，删除那些不影响我们理解内容的单词。

一学就会的图解笔记术

图解文字的 3 个步骤

③ 添加"边框""箭头""人物"

 阎魔：在上图的基础上，我们要给关键词画上边框，再画出箭头或线把它们连接起来。

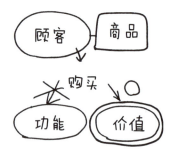

 田中：好厉害！这样画就把信息整合到一起了。

 阎魔：我们难免有表达不清楚的时候，如果时间允许的话，也可以在画好的图上进行修改，使文字更清晰。

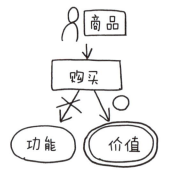

 田中：好清楚啊！

 阎魔：好，接下来我们用例句练习吧！请你把与 SNS 相关的三段文字画成图。

一学就会的图解笔记术

练习题 ❶

图解LINE！

 阎魔：三个步骤都掌握了吧？你如何图解下面的内容呢？

> 题目▶ 在日本的SNS中，LINE的活跃用户数占据第一位。

 阎魔：首先要做的是步骤①"解读整段文字"。这句话属于哪种类型呢？

 田中：嗯，"LINE占据第一位"是属于"A=B"的类型吗？

 阎魔：对！接下来是步骤②"提取关键词"。

 田中：重要的关键词是"日本SNS""LINE""活跃用户数""第一位"吗？

日本 SNS

活跃
用户数　第一位　LINE

阎魔：很好！接下来是步骤③"添加'边框''箭头''人物'"。这一步要画出边框，再把它们连起来。

日本 SNS

活跃用户数 第一位 = LINE

阎魔：最后，要让图示更清晰明了。我们通过增强对比，可以让信息更加明显。

日本 SNS

活跃用户数 第一位 = LINE

田中：我画好了！

阎魔：做得好！有时我们也会犹豫怎样才能让图示更清晰明了。这种时候，我们需要思考"图解这段话时自己最想表达什么"。

一学就会的图解笔记术

练习题 ❷

图解 Facebook！

 阎魔：让我们继续练习吧！下一题怎么做？

> 题目 Facebook 用户流失明显，日本的每月活跃用户数从 2800 万人减少至 2600 万人。

 阎魔：好，从现在开始你独自图解试试！

 田中：好的！因为这句话表示变化，所以用易懂的箭头，提取的关键词大概是这些吧？

Facebook

日本　　　每月

活跃
用户数　　2800 万人　2600 万人　　减少

 田中：然后画出边框，添加箭头。

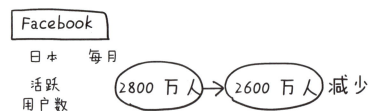

 田中:让图变得更清晰明了。

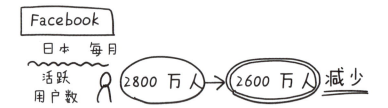

 田中:完成了!

阎魔:喔,很好!你完成得真快啊。咦?你藏起来的东西是什么?

田中:没有!

阎魔:给我看看!

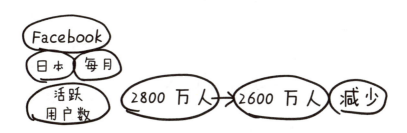

 田中：我画边框的时候觉得所有的关键词都很重要，就都画上了。结果反而无法突出重要的部分，所以就重画了一遍。

 阎魔：原来是这样啊，你发现了问题！画图的时候不知道边框该画在哪里或者画得太多，都是常有的事。

 田中：那就好。

 阎魔：你要注意把最优先事项框起来，如果不是并列关系则用不同形状的边框。全部画上边框＝哪个都没画。

 田中：全部画上边框确实是不行的。

 阎魔：如果想突出重点，可以画下划线来表示强调。你要记住，"不画边框"也是可以的。

一学就会的图解笔记术

练习题 ❸

图解各种SNS！

 阎魔：我们来继续练习吧！接下来做这道题！

> **题目** 用户从 Facebook、Twitter、LINE、Instagram、YouTube 等 SNS 上接收了很多信息。

 田中：如果横向展开图解的话，就会画出很宽的图。这道题的内容结构应该属于箭头指向用户的**"收集"类型**吧……关键词如下所示。

用户

Facebook　　Twitter

LINE　Instagram　YouTube

 田中：然后我来加上边框。

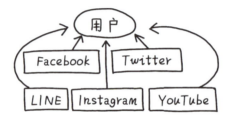

田中：但是这样画图重点并不突出，所以我稍微改动一下。

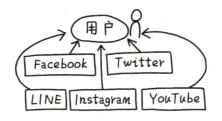

田中：我添加了一个人物，消除了"用户"要素与其他要素的并列感！

阎魔：好！你这不是能做得很棒嘛，田中！

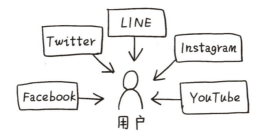

阎魔：这是一个修改的例子。这个图解以用户为中心进行布局，强调了集中的状态。图解时，能缩写的专有名词也可以缩写。

一学就会的图解笔记术

看文图解训练
【6道初级题】

阎魔：来吧，现在我们开始实战练习吧。

田中：好可怕……

阎魔：不用怕。你先仔细阅读文字内容，然后再做图解训练。

田中：好的，我试试。

阎魔：重点是要尽可能快速地图解。这样才能过渡到下一阶段的"边听边图解"。我来说明练习的顺序。

- 准备纸和笔

- 设定计时器

- 读题，然后进行图解

- 核对参考答案

阎魔：图解没有对错之分。你要一边看自己的图解一边确认"图是否易懂、是否能传达内容"。图解的方法不止一种。

题 目

目标完成时间：每道题20秒，共6道题

1 少数派与多数派的对立。

提示：重点是"对立"。

2 上司和下属的一对一交谈。

提示：不要把角色分工想得太复杂；

不是单方面的谈话，而是"交谈"。

3 社长从美国回来，而且单身。

提示：不用画得太复杂。

4 这个农业设备可以自动控制光、水和风。

提示：并列画出要素。

5 公司从品川区搬到了港区，两年后可能会搬到中央区。

提示：未来、未定。

6 城市集中了商业、医疗、福利、教育、交通、住宅等。

提示：集中。

答 案

① 参考答案

少数派与多数派的对立。

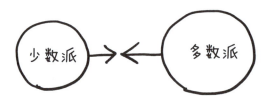

解 说

 阎魔：你可以在边框的大小上做一些改变。

 田中：原来对于同样的形状，改变大小就能表示数量的不同啊。

 阎魔：为了表示少数派和多数派，你在圆圈的大小上可以画出差异，然后用箭头表示"对立"。使用人物头像可以让"数量"更加一目了然。

 田中：原来还可以画半圆形啊。

答 案

❷ 参考答案

上司和下属的一对一交谈。

解 说

 田中：我在画"上司"的时候迟疑了……

 阎魔：其实，仅仅是人物位置的不同就能表现其立场的不同。如图所示，将上司安排在稍高的位置，就可以表现出关系性。

 田中：正所谓上下级关系……

 阎魔：为了方便大家理解，你可以在图解时加上"上司"一词。此图解可以使用"双向"箭头来表示相互关系。

答 案

3 参考答案

社长从美国回来,而且单身。

解 说

田中:从美国回来?单身?社长?我又不确定要怎么图解了。

阎魔:这时轮到边框出场了。首先你要把"从美国回来""单身"用同样的形状画出来,表示并列的要素;然后再画箭头表示要素间的关系性。

田中:我原本想画一只没戴戒指的手……

阎魔:不要画复杂的图,这是快速图解的关键。不要忘记这一点!

答 案

④ 参考答案

这个农业设备可以自动控制光、水和风。

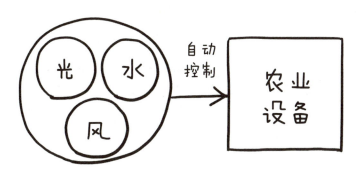

解 说

 阎魔：光、水和风是并列要素，可以用统一的边框来表示。如果每个要素只有一个字，这样画就没问题，字多的时候要避免把框画得过长。

 田中："农业设备"是另一种要素，所以画框的时候要换一种形状。

 阎魔：田中，你觉不觉得只画箭头会表达不清楚？

 田中：对，好像表达不出"自动控制"的意思。

 阎魔：没错，所以把关键词补充写在箭头旁边吧。

答 案

❺ 参考答案

公司从品川区搬到了港区,两年后可能会搬到中央区。

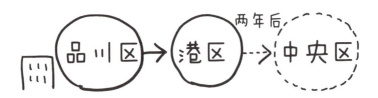

解 说

 阎魔:你画"两年后搬到中央区"的箭头应该用虚线表示。

 田中:是因为还没搬过去吗?

 阎魔:对,而且还不确定公司会不会搬到中央区,所以中央区的边框也应该画成虚线。

 田中:公司可以用"建筑"图标来表示。

 阎魔:没错。你写上"公司"也行,但是画简单的图标更快。建筑图标可以表示"公司""工作""商业街"等含义,画起来很方便。

答 案

❻ 参考答案

城市集中了商业、医疗、福利、教育、交通、住宅等。

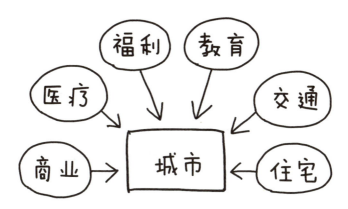

解 说

 田中：老师，我把"城市"画在下面了，这样没问题吗？

 阎魔：只要箭头的方向是对的就没问题。**你从中心要素开始画吧。**

 田中：其他要素围绕着城市，这样可以吗？

 阎魔：可以。画并列要素时用同样的边框，画"城市"要素时用方形边框，这样看起来更清楚。

第4天 一学就会的图解笔记术

看文图解训练
【5道中级题】

阎魔：你来对下面的题进行图解吧。这次没有提示！

题 目

目标完成时间：每道题60秒，共5道题

❶ ××信用卡，免年费，最高额度100万日元；××VIP卡，年费11000日元（含税），最高额度300万日元。

❷ 如果能让顾客拥有"流泪""欢笑""惊讶"的体验，附加价值就随之产生了。

❸ 开始拍卖后，3万日元的二手电脑在两小时后变成了10万日元，最终在三小时后以13万日元成交。

❹ 促销手段有发放样品、发放优惠券、促销活动、现场演示等。这些手段激发了顾客的购物欲望。

❺ 全体成员朝着一个目标前进，就能完成任务。但是如果成员努力的方向不一致，就无法完成任务。

※ 题目①参考"以充实的服务体验一流的生活——××VIP卡"命题。

答 案

❶ 参考答案

××信用卡，免年费，最高额度 100 万日元；
××VIP 卡，年费 11000 日元 (含税)，
最高额度 300 万日元。

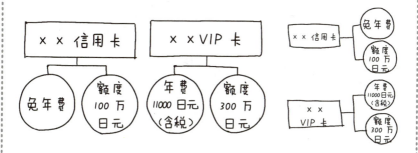

解　说

田中：画并列要素时要统一边框的形状，对吧？

阎魔：对，画"×× 信用卡""××VIP 卡"用方形边框，画其他要素则用椭圆形来统一。

田中：我把"×× 信用卡"和"××VIP 卡"竖着排列，把其他要素画在了右侧。

阎魔：你这样画虽然不能算错，但是看起来更清晰的是横向排列的图。你需要排序或者想按照时间顺序来图解的时候，纵向排列是很有效的画法。

答 案

❷ 参考答案

如果能让顾客拥有"流泪""欢笑""惊讶"的体验，附加价值就随之产生了。

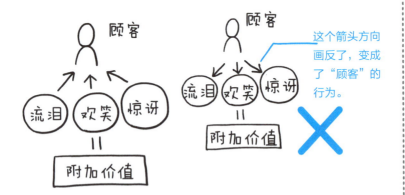

这个箭头方向画反了，变成了"顾客"的行为。

解 说

 阎魔："流泪""欢笑""惊讶"是描述顾客的，所以你画的箭头应该指向顾客。

 田中：我画的图也像右边一样，把箭头的方向画反了。

 阎魔：嗯，这样画就不容易理解了。要正确画出箭头方向表示"顾客的行为"。另外，只画人物头像很难表示"顾客"的身份，所以可以写字进行补充。

答 案

❸ 参考答案

开始拍卖后，3 万日元的二手电脑在两小时后变成了 10 万日元，最终在三小时后以 13 万日元成交。

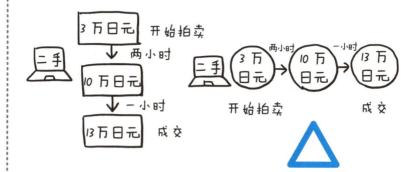

解 说

 阎魔：虽然你图解时也可以像右图那样横向排列，但由于有时间顺序的变化，还是左图的纵向排列更直观。

 田中：画边框时用方形和圆形都可以吗？

 阎魔：只要统一就可以。电脑图标简单易画，你应该学会。如果把补充的信息（两小时等）圈起来反而会使图的内容变得复杂，你要注意这一点。表示金额时，你把数字写得大一点会更好。

答 案

❹ 参考答案

促销手段有发放样品、发放优惠券、促销活动、现场演示等。这些手段激发了顾客的购物欲望。

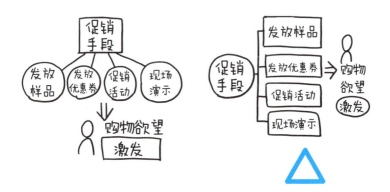

解 说

 阎魔:"促销手段"的四个要素要并列画。

 田中:这里不用画箭头吗?

 阎魔:图解的很多时候只需画线连接要素就行。但是为了表明从属关系,你要改变边框的形状。我举了两个例子。

 田中:这两种画法都很简单易懂。

 阎魔:人看左图的时候视线移动更自然,更一目了然。

答 案

❺ 参考答案

全体成员朝着一个目标前进，就能完成任务。
但是如果成员努力的方向不一致，就无法完成任务。

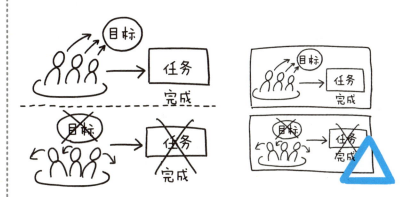

解 说

 阎魔：当我们想画出朝着一个目标前进的状态，或者是分散的状态时，使用人物头像图解更合适。

 田中：原来如此！人物头像的方向不一致可以表示分散的状态。

 阎魔：因为题目中的两句话有对比意味，画虚线来区分会更好。如果各自圈起来，就会给人一种前后文不相关的印象。

第4天 一学就会的图解笔记术

看文图解训练
【2道高级题】

田中：老师，我已经画到极限了！

阎魔：不要泄气！还有2道题，加油！

题 目

目标完成时间：每道题120秒，共2道题

❶ 家庭向政府支付税金，政府向家庭提供公共服务；家庭向企业支付货款，企业向家庭提供商品和服务；企业向政府支付税金，政府向企业提供公共服务。

❷ 订阅是一种定额服务，用户订阅不是购买物品，而是获得物品的使用权，并根据使用时间支付费用。

【例】
以前：在电影院看电影（看一部影片支付1800日元）
订阅：在线看电影（每月支付1300日元）

答 案

1 参考答案

家庭向政府支付税金，政府向家庭提供公共服务；家庭向企业支付货款，企业向家庭提供商品和服务；企业向政府支付税金，政府向企业提供公共服务。

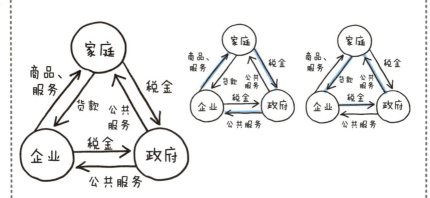

解 说

 田中：我先给关键词"家庭、政府、企业"画上边框。

 阎魔：没错。用双向箭头表示相互关系，在旁边写上文字更便于理解。

 田中：我在犹豫要不要为补充的内容也画上边框。

 阎魔：画的边框太多反而会影响读者理解。这道题的补充内容较多，不需要都画上边框。如果外侧的箭头方向和内侧的箭头方向保持一致的话，循环的状态就表现出来了。

答 案

❷ 参考答案

订阅是一种定额服务，用户订阅不是购买物品，而是获得物品的使用权，并根据使用时间支付费用。

【例】以前：在电影院看电影（看一部影片支付 1800 日元）

订阅：在线看电影（每月支付 1300 日元）

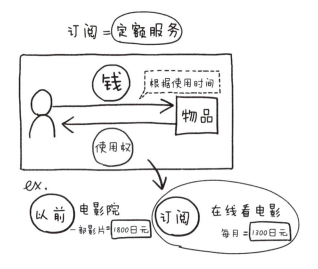

解 说

 阎魔："订阅"＝"定额服务"作为主题应该画在最上面。

 田中：用人物头像表示用户更易于理解。

 阎魔："根据使用时间"用气泡和箭头进行补充图解。

> 老师有话说

图解《桃太郎》

田中：我还是不确定哪些内容用图标表示，哪些内容用文字表示……对图标的使用也不是很熟练。

阎魔：你要明确"图解的目的"。看看下面这个图。

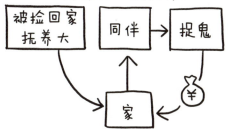

田中：啊？这两个图的内容都是关于《桃太郎》的，对吗？

阎魔：没错。两图都图解了桃太郎的故事。即使是同样的故事，由表情丰富的图标组成的图解，和用简单的单词与图形画出的图解，给人留下的印象是完全不同的。

田中：确实，前者看起来很有趣，还可以使我联想到更多的画面。

阎魔：没错。然而后者给人的印象却是……

田中：看起来很像严谨的商业图解。但是我觉得从这张图上可以清楚地看出故事的结构。

阎魔：你知道这两个图解的区别是什么吗？

田中：画得图标越多，越能让人产生亲近感；图解越简单就越能让人看清故事的框架……是吗？

阎魔：没错。即使是图解同样的内容，画得图标越多，越容易把人的情绪带动起来。而简单的图解则更容易帮人理清内容结构。

田中：原来如此。

阎魔：当然，这并不是两极化的。你要先思考图解的用途，再进行"表现形式的取舍"，选择使用更多图标或者更多文字的形式。

田中：这样一来，若我想使讨论气氛更活跃（创意头脑风暴等）就可以多加入图标要素。如果是想要进行总结，则可以选择画出边框和箭头将其结构化。

阎魔：的确如此！你要根据图解的目的来调整其表现形式。

例：图解公司内部线上会议时，为了让大家提出更多意见，可以活用图标和气泡；为了后续分类和补充内容，你要留出充分的空白空间。

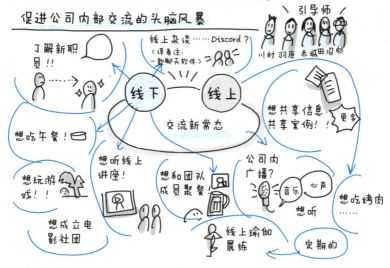

例：关于在远程办公中发生巨大变化的营销和销售的研讨会记录。为了让没有参加会议的工作人员也能共享信息，你要认真挑选关键词，将其结构化。

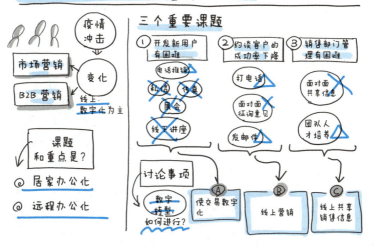

接下来，我们尝试一边听讲一边画图吧，诀窍是"关键词+留白"。为了给下一阶段的边听边图解打好基础，让我们开始反复训练吧！

一学就会的
图解笔记术

第5天

边听边图解的诀窍是
"关键词 + 留白"

讨论的现场不等人，
实时图解才有意义！

 阎魔：看来你已经掌握了看短文和单词然后图解的诀窍！那么现在我们将开始下一阶段的学习。田中，你在什么时候会觉得"这个内容画出来给别人看比较好"呢？

 田中：大概是在开会时感到"参会人员的沟通和理解无法达成一致"的时候吧。

 阎魔：嗯，在开会的时候，有必要使彼此的认识达成一致，以此作为讨论的基础。当你犹豫的时候，图解是最好的选择。

 田中：您说得对。前几天我们进行了线上集体采访。

 阎魔：怎么样？

 田中：听别人滔滔不绝地说，我只能连连点头。事后回想时，我经常忘记当时别人提出过哪些意见。虽然我也在电脑上记录了，但是又不想回看。即使后来我想要画图，也不知道该从哪里着手，内心很崩溃。

阎魔：是啊，日后回顾的记录是很重要。线上会议可以录音，也可以录像，但回看的时间不是有些浪费吗？

田中：是的。而且我就算听了录音也不知道是谁在说什么……

阎魔：图解笔记术可以帮你在现场实时图解内容并与他人分享，可以说是非常适合在现场使用的一种技术。"边听边画"的步骤只有三个。

阎魔："边看边画"和"边听边画"<u>最大的区别在于是否能看到结论</u>。图解的基本思路不变。

① 首先，边听边写关键词
② 给"要素"画边框
③ 用箭头将时间顺序和关系性连接起来

田中：请您告诉我"边听边画"的重点！

阎魔：嗯。重点是<u>"关键词 + 留白"</u>，把握好重点就完美了！

田中：留白？

阎魔：没错。我现在就把留白的奥秘告诉你。

一学就会的图解笔记术

留白不可或缺的 3 个理由

 阎魔：好，我来告诉你留白的奥秘。我会以下面的内容为例进行说明。

> **题目** 优步外卖通过智能手机接收订单，在餐饮店取餐，然后交给订餐者。

✗ 没有留白

没有添加边框和箭头的空间，难以图解。

○ 有留白

容易添加边框和箭头，结构和关系性更清楚。

 田中：真厉害！有没有留白，图解效果完全不一样。

 阎魔：需要留白的理由有 3 个。

❶ 便于添加边框

❷ 便于添加表示时间顺序和关系性的箭头

❸ 便于添加结论。只要有留白就可以添加信息

田中：留白应该怎么留呢？

阎魔：关于这个问题，我们来看看下面的题目吧。

> 题目 解决环境问题需要"意识""技术""法律制度"三大要素。

阎魔：解这道题是先阅读再图解，所以是"先知道结论再画图"，你可以注意要素的状态有意识地留出空白。

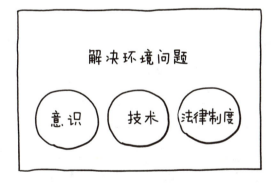

阎魔：如果一边听一边画会怎么样呢？因为要进行实时图解，所以不能一下子画出完整的图，我们只能一边听一边写出关键词。

田中：对哦，只能先按顺序写下来。

阎魔：在听到"三大要素"的时候，你就能明白它们之间的关系性。这个内容的三要素(意识、技术、法律制度)是并列的，所以可以画上同样形状的边框。

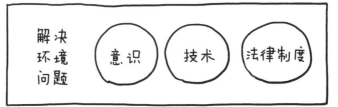

阎魔："解决环境问题"这个主语包含了后面的三要素，为了让大家理解这一点，你可以画一个大的边框把它们框起来。这样图解就完成了。

第5天 留白多少合适？

 田中：我已经知道留白的重要性了，那么要留多少才合适呢？

 阎魔：至少要留 1 个字符的空间。但是，这适用于不需要添加箭头和符号的简单内容。如果可以的话，最好空 1.5 个字符，我的建议是空 2 个字符。这样，便可以在箭头处补充内容了。

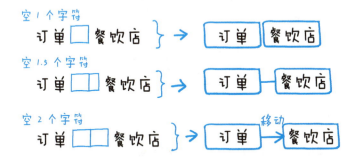

 田中：确实是空 2 个字符更好。

 阎魔：我们来做例题练习一下吧！

> 题目▶新建道路的工程费由国家和地方政府承担，按照2:1的比例，国家担2，地方政府担1。

新建道路　　工程费

国家　地方政府

2 : 1

 田中：要留出这么多的空间啊，看起来间隔有点大……

 阎魔：没错，不留这么多空间就没办法添加边框和箭头了。看我来演示一下。

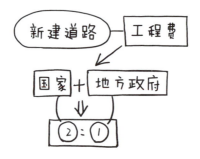

 田中：真的是这样呢。如果没有这么多空间，就画不下圆圈和箭头了。

 阎魔：对吧？所以你要时刻注意留出两个字符的空间！

第5天

一学就会的图解笔记术

快速写下关键词的诀窍

田中：遇到长单词和专业术语怎么办呢？我感觉瞬间写下来很难……

阎魔：那就以下面的题目为例练习一下吧。如果是瞬间写不完的长单词，**你就写首字母，留出空间**。然后在记忆尚存的时候进行补充。

> 题目 可以自动控制光、水、风的新型被动式※大棚。
> ※ 符合一定性能标准的节能型建筑。

阎魔：对于反复出现的长公司名等专有名词，你可以先缩写再补充。可以用 −（减）或 +（加）来表示"减少""增加"，要有效利用符号。

田中：这样做的话，我应该能快速记下信息了。

阎魔：你可以用"ex."表示"例如"，"大概"是"≈"，"不一样"是"≠"等，记住这些符号使用时会很方便。

田中：确实很方便啊！

阎魔：原则上，越是不知道结论的时候，越要老老实实地记录信息。但是，一字不差地记录是不可取的。

阎魔：例如，"今天的会议"这些词可能并不重要。有时你需要在后面加上日期。

> 到目前为止，营业时间、备货等所有的事情都是根据企业的情况进行安排的。但是今后，满足顾客需求的程度将决定胜负。
>
> ↓　　　　　　　　……
>
> ~~到目前为止，~~ 营业时间、备货~~等~~所有的事情都~~是根据企业的情况进行安排的。~~ 但是 今后，满足顾客需求的程度将决定胜负。

阎魔：以上是可以省略的文字和不可以省略的文字的参考例句。用线划掉的词是不影响理解的词。方框中的"等""但是"会影响上下文，即使不写字，用"……"表示也是一种方式。因为这是转折的关键地方，所以要留好空白。

第5天　一学就会的图解笔记术

边听边图解的诀窍——"明确发言者"

阎魔：那么，我们现在就开始边听边图解的实战练习吧！在处理"对话"时，图解的基本原则也不变。

❶ 首先，边听边写关键词

❷ 给"要素"画边框

❸ 用箭头将时间顺序和关系性连接起来

阎魔：然后加上"明确发言者"这一要点。

田中：也就是明确"是谁在说话"吧？

阎魔：没错！请想象一下听到以下对话后的图解画面。

> 题目　A："请问，这家店里受欢迎的关东煮配料是什么？"
> B："大人喜欢萝卜、牛筋和魔芋结，孩子喜欢香肠、鸡蛋和鱼肉山芋饼。"
> A："从关东煮的配料选择上就能看出大人和孩子口味的不同。"

田中：我困惑了。这会是一张怎样的图呢？应该提取哪些关键词呢？

阎魔：首先挑出关键词，有"这家店""受欢迎""关东煮配料""大人""萝卜""牛筋""魔芋结""孩子""香肠""鸡蛋""鱼肉山芋饼""关东煮""不同"。蓝字是后来补上的。

这家店
受欢迎　关东煮配料

　　大人　萝卜　牛筋　魔芋结

孩子　香肠　鸡蛋　鱼肉山芋饼

关东煮　大人　孩子

不同！

田中：哇。这样表示基本能看懂，但我事后再看可能不好理解。

阎魔：是的。所以在画出边框后要用箭头把它们连起来。你来试试！

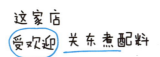

 田中：好！

 阎魔：很好。现在我们来让图解变得更加清晰易懂吧！

 田中：怎么做呢？

 阎魔：我们要让"A的发言"和"B的发言"更加明确，可以利用人物头像和下划线加以区分！另外，可以换一种不同颜色的笔。

 田中：那我用灰色笔！

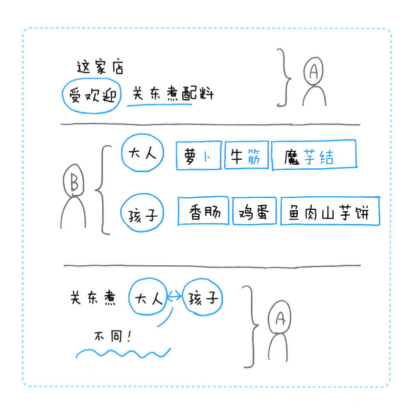

 阎魔：很好！为了明确说话的人与对话内容，可以错开位置，多留一些空间，这样便于分组。接下来，我们开始练习吧！

 田中：好的！

 阎魔：在接下来的"边听边图解"训练中，你可以先用手机等设备将文章的内容录下来，再练习"边听边图解"。

一学就会的图解笔记术

锻炼"边听边图解"能力的 5 道练习题

题 目

目标完成时间：每道题 60 秒，共 5 道题

① 远程办公不可或缺的东西是网线和笔记本电脑。还有，不怕孤独的心。

② 线上授课方式有"双向直播型"和"视频发布型"。

③ 餐饮业正在想方设法从提供面对面服务向提供外卖服务转变。

④ 去年冬天，优衣库推出了顾客使用"PayPay（移动支付系统）"购买"HEATTECH（热温技术）产品"即可免费获赠一件 HEATTECH 产品的优惠活动，大受好评。

⑤ 客单价下降了 7.1%，这是连续四个月出现的负增长，也是自 2017 年 3 月以来的最大降幅。高温天气持续，以羽绒服为主的单价较高的冬季商品销量不佳。

答 案

1 参考答案

远程办公不可或缺的东西是网线和笔记本电脑。还有,不怕孤独的心。

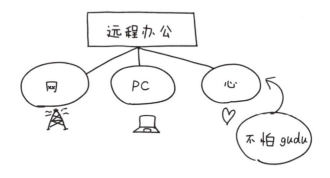

解 说

阎魔:要适当缩写长关键词。比如"网线是网","笔记本电脑是 PC"等。以后你可以根据需要再补充。关于心,还画了心形图标。

田中:我没有自信能马上画出图标。

阎魔:文字内容也可以后续再补充。对于文字或图标,你选择写得快的吧。

田中:对了,孤独写成了拼音"gudu"。㊀

阎魔:对了,写笔画多的汉字时用拼音㊁替代也不错哦!

㊀ 原文为片假名。——译者注
㊁ 原文为片假名。——译者注

答 案

❷ 参考答案

线上授课方式有"双向直播型"和"视频发布型"。

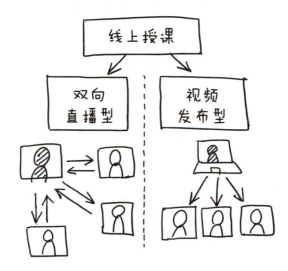

解 说

 阎魔：当你听到"线上授课"的时候，可以判断这是主语，然后把"双向直播型"和"视频发布型"并列写下来。

 田中：图中方形的形状应有些许差别。

 阎魔：有横长的长方形和竖长的长方形，不同的形状能表现不同的特征。虽然不是必需的，但我还是画上了人物头像以示不同。

答　案

❸ 参考答案

餐饮业正在想方设法从提供面对面服务向提供外卖服务转变。

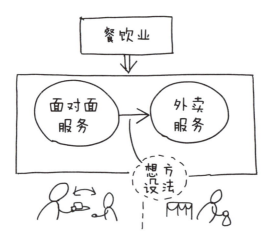

解　说

阎魔：找到关键词后，你可以用箭头表示从"面对面服务"到"外卖服务"的转变。连接餐饮业和下框的箭头要用双划线画出来以表示大趋势。

田中：用人物头像＋箭头来表示"面对面服务"和"外卖服务"也很容易令人看出区别。

阎魔："想方设法"是略带深意的表达，可以画上虚线边框，再用表示过渡的箭头连接起来。

答　案

  参考答案

去年冬天，优衣库推出了顾客使用"PayPay（移动支付系统）"购买"HEATTECH（热温技术）产品"即可免费获赠一件 HEATTECH 产品的优惠活动，大受好评。

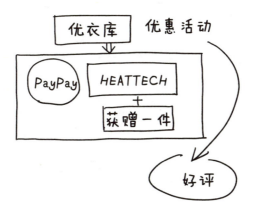

解　说

 田中：我犹豫了一下要不要用字母来表示 PayPay……

 阎魔：你要以意思通顺、写得快为标准来判断。画出要素边框后，将"PayPay""HEATTECH""获赠一件"作为表示优惠活动内容的一个整体框起来。用箭头连接"优惠活动"和"好评"，就容易理解了。

答　案

❺ 参考答案

客单价下降了 7.1%，这是连续四个月出现的负增长，也是自 2017 年 3 月以来的最大降幅。高温天气持续，以羽绒服为主的单价较高的冬季商品销量不佳。

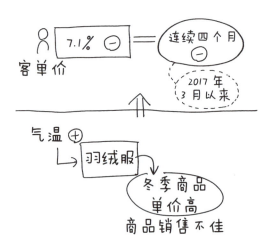

解　说

阎魔：将"客单价下降"和"连续四个月负增长（负增长用符号表示）"用双划线连接，给"2017 年 3 月以来"画上虚线边框。

田中：原来应该用实线将结果部分和原因部分区分开，再用双箭头表示联系啊。

阎魔：田中，做完这几道题感觉怎么样？

田中：就在我还在思考"那个字怎么写"的时候，新的内容越来越多，我突然慌了……

阎魔：思考汉字的写法而跟不上关键词的记录也是常有的事。这种时候你先用拼音⊖记下来，必要的话以后再进行补充吧。

田中：还有，我写错的时候会想"完了，搞错了！"有时也会慌乱，没办法继续图解。

阎魔：错误的地方要画双划线来纠正，明确地标出来。

田中：重要的是不要慌张，对吧？

阎魔：没错。一开始写得潦草一点也没关系。如果你实在跟不上，就停下来仔细听内容。在头脑中整理好信息之后再画出来。

田中：原来如此，先听一遍，然后在脑海中图解。我试试看！

⊖ 原文为片假名。——译者注

> 老师有话说

通过讲故事或与朋友对话来练习"边听边图解"

田中：老师，有在家就能做的"边听边图解"练习吗？

阎魔：嗯，刚开始练习的话，我不推荐你图解早间新闻或 YouTube 上的谈话。

田中：啊？可是专业人士的发音清晰，很容易听懂啊。

阎魔：图解节奏较快的发言，你是很难跟上的。

田中：的确，新闻里的语速真的很快……

阎魔：如果要练习听关键词，我推荐节奏较慢的故事朗读或简短的童谣。

田中：和工作无关的东西也可以拿来练习吗？

阎魔：嗯，一开始最好不要增加难度。如果是图解民间神话故事，就用《桃太郎》来练习吧。另外，对于同样的故事多图解几遍，寻找改进点，也是十分有效的。还有，实际上一边和人说话一边图解也是很好的训练。你还可以把写好的东西给对方看，和对方确认"现在说的内容是这个意思吗？"

田中：原来如此！

阎魔：你先试着图解对话吧。

田中：无论什么对话内容都可以吗？

阎魔：例如，可以用"旅行物品清单"练习并列关系的图解。

田中：原来如此，那线上我也可以练习图解。

阎魔：之后，你可以增加第3位、第4位人物。

举个例子：5岁儿子和妈妈的夏威夷五日游，随身物品清单。

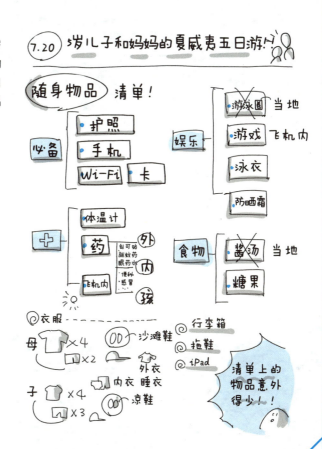

从哪里开始图解？

在思考的过程中，讨论依然在进行。

掌握"模板"，毫不犹豫地画出来！

一学就会的
图解笔记术

第6天

开会时也要
不慌不忙地"图解"

一学就会的图解笔记术

只要划分好区域，我们也能图解长时间的会议

阎魔：我们今天来图解更长的对话吧。记录研讨会的内容、听取客户的需求等都是不错的素材选择。

田中：我尝试了"边听边图解"的训练后，还是会觉得不安：这句话因为短所以能记下来，但如果图解长句子或者是多人发言的话怎么办？

阎魔：那在之前学习的基础上，我们这次再图解一些稍长的对话吧。

阎魔：基本要求不变，此次加入的要点有以下两点。

❶ 划分区域

❷ 掌握"三种类型"

田中：哇！老师好帅啊！

阎魔：首先我们从"划分区域"开始学起。请看下面的例文。在图解复杂的内容时，划分区域是必不可少的。

> **题目** 所谓共享单车，是指将想要出租自行车的人和想要租借自行车的人连接起来，在网上先结算后使用的系统。它的优点是，方便且能助你发现城内新的景点。缺点是有些人使用完不把单车放回原处等，存在一些不文明的现象。最近，越来越多的民间企业和地方政府加入租借方的行列。使用共享单车的前 30 分钟收费为 150 日元左右，价格合理，好评如潮。

阎魔：首先，在空白区域的中心画线进行分割。

阎魔：如果要划分区域，就需要换行，一行会变短，这样列出要素也会更容易。划分区域的标准大致是纵排时画一条线，横排时画两条线。

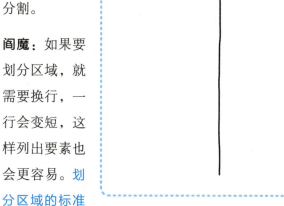

田中：虽然只是划分了区域，但是看起来感觉好多了！

阎魔：那么，我们从左上角开始写吧。写下共享单车、想出租单车的人、想租借单车的人等，遇到长单词就写首字母，不断地写下关键词吧。

 田中：为了能表达清晰，之后再补充省略的词，对吧！

```
共享                    
    单车              租借方

租      借          民间    地方
                            政府
    网上支付         🏠

  便利              越来越多

城内景点
                         前
                      30分  150日元
放回原处 ×             价格合理
```

阎魔：如果你觉得话题变了，就多留一些空白，这样便于以后整理。你再画上边框和箭头表示要素间的关系。

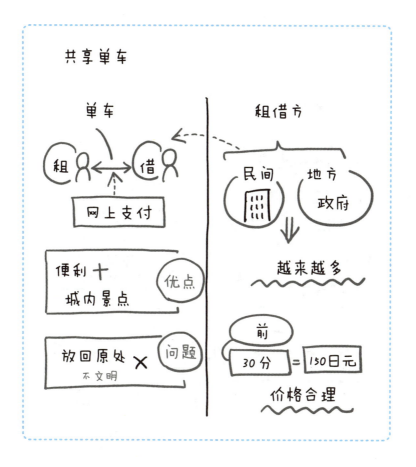

 阎魔：将遗漏的关键词补充完，并添加箭头（浅色文字为后续添加的要素）。

阎魔： 你可以在转换话题时画线或围起来划分区域。这样一来，一段话的整体脉络和内容框架就变得简单易懂了。

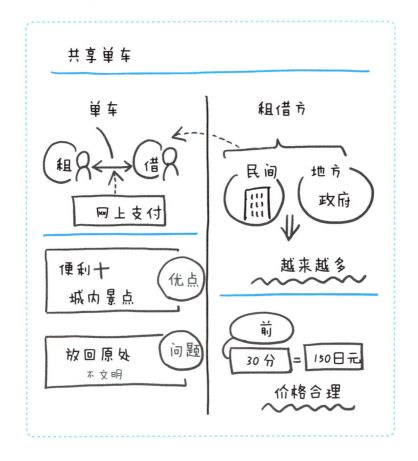

 田中： 虽然这段话的要素很多，但是通过图解整理得非常清晰！

掌握三种类型!

① 时间顺序型

 阎魔：田中，如果有人突然让你"把我接下来要说的话记录下来"，你会怎么做？

 田中：我会感到紧张，面对摆在眼前的白纸不知道该如何开始，脑子里可能也会一片空白……

 阎魔：嗯。但是，只要你掌握三种"类型"就可以改变这种状态，大脑不会一片空白，你还可以"边听边写"!

 田中："类型"?

 阎魔：类型大致分为三种，即<u>时间顺序型</u>、<u>发散型</u>、<u>随机型</u>。首先我从时间顺序型开始讲，这是在"能够大致预测话题的展开方向，或者议题、主题明确的时候"使用。

 田中：比如在讲座或会议场合中使用吗？

 阎魔：对! 你可以把白纸分成两部分或三部分，按照时间顺序记录内容。如果你觉得话题改变了，就移到旁边区域继续记录。如果有涉及不同区域的内容，就用箭头将它们连接。突出标题，明确主题，通过划分区域记录大致的信息，这样即使信息量很大你也能看懂。

阎魔：就像下面这样！

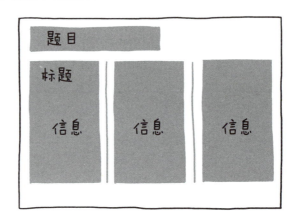

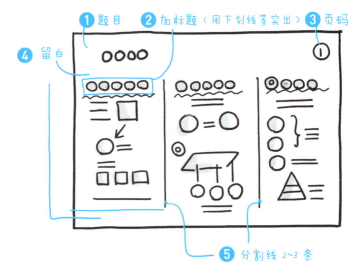

田中：看起来一目了然啊！

阎魔：我总结了以下要点，你要牢记于心啊！

❶ 题目的字号大概是正文的 1.5 倍,这样作为数据保存之后更容易被找到。

❷ 加标题,之后再用下划线和行列首字母缩写进行区分。

❸ 页码也很重要,便于你回顾内容。

❹ 注意在标题和正文之间留出足够的空间,便于你后续添加信息。

❺ 横排时最好划分三个区域。

田中:标题中的标记是之后才加上的,我学到了!

阎魔:让我们来看看研讨会的图解实例吧。只要不断训练,你也一定能画好的。

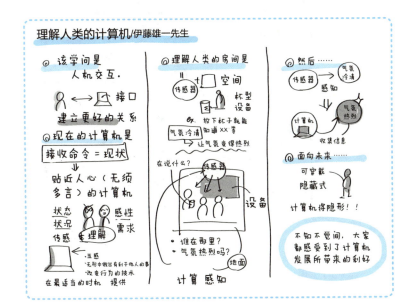

阎魔：以下是图解会议时的要点。为了处理上司的"题外话"，一定要留出空间。另外，你也要事先留出空间用来记录下一次的主题和结论等。

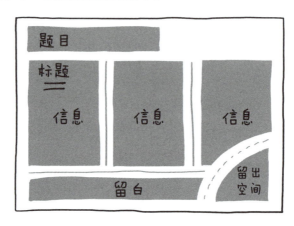

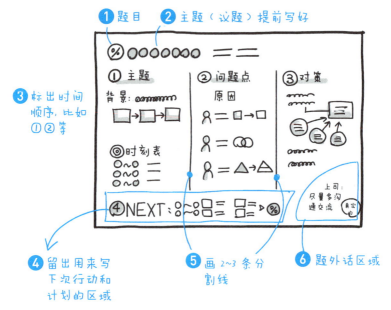

田中：我的上司有时也会说些与工作无关的话……留出空间确实很重要。

 阎魔：不过，无关紧要的话不记录也可以。以下是我总结的要点，请你仔细阅读！

❶ 记录会议日期很重要，方便事后检索。

❷ 议题要写得明显一些，明确传达主题。

❸ 会议的进展有时会不断发散，按照讲话的顺序加上数字更容易理解。

❹ 图解下方要留出空间，用来写结论和行动计划；你也可以事先画好分割线。

❺ 一般横排时画 2 条分割线，图解长时间的会议时画 3 条线更清楚（分割线越多可记录的信息量越大，这种方式适用于一定要整理成一页纸的情况）。

❻ 如果有与主题无关的意见，可写在题外话区域。

掌握三种类型！

② 发散型

 阎魔：接下来我来介绍"发散型"，主要用于头脑风暴等提出创意的时候。与时间顺序型不同，采用发散型模板时不需要刻意划分区域，只需留出"自由发言"的区域(因为没有画分割线，所以可以随意记录想法)。

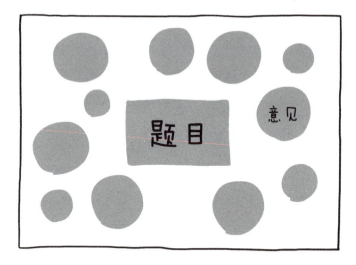

 阎魔：发散型图解不用分区域，你可以用同样的边框进行分组(将相近的意见连起来)或画线将意见连接起来。

阎魔：为了不偏离主题，要在中心处写上题目。别人提出的意见可以随机地写下来。

❶ 题目要写在正中心，突出主题，避免讨论时偏离主线。

❷ 不同意见之间留有空白。

❸ 画边框、连线进行分组。

❹ 若你发现内容相近的意见相隔较远时，可以画线连接，再画上相同颜色的边框，这样看起来更清楚。

一学就会的图解笔记术

掌握三种类型!

③ 随机型

阎魔：最后我来介绍"随机型"，这种模板可以用于自由对话等场景。

田中：是在无法预测对话进展时使用的吧？

阎魔：没错。在无法预料的对话中会出现"不知道时间顺序""不知道是谁提出的意见""事实和感想混在一起"等情况，我建议你遇到上述情况时这样写。

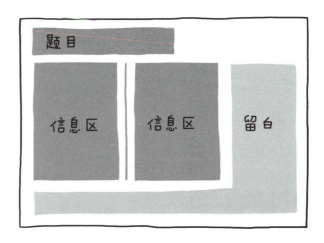

田中：这个图里留白的位置变了。

阎魔：我们一开始就要明确划分边听边写的区域和补充内容的区域，也就是倒 L 形的空白区域。在空白区域进行内容标注，并按照时间顺序进行排序，对于无法预测对话内容的自由对话和会议内容都适用。举个例子吧。

结构化的要点
❶ 重要的内容画双线框起来或画下划线表示强调。
❷ 记清楚发言的人是谁。
❸ 按照时间顺序标记序号。
❹ 对相关内容进行分组，采用同色边框、连线。

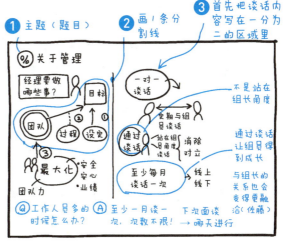

田中：咦？我有点看不懂，您是怎么写出来的？

阎魔：放弃得太早了！我会按顺序说明的，请你仔细听好！

阎魔：我先从基础说起。

❶ 将主题（题目）写在上方。

❷ 用分隔线划分区域，在右侧和下方留出倒 L 字形的"留白"。

❸ 将谈话内容写在划分好的区域内。

❹ 在空白处写后补充的信息。

阎魔：下面是结构化的要点。

❶ 重点在图解之后再强调（画双线、下划线等）。

❷ 在留白处记清楚发言的人是谁（当有多个人物出场时）。

❸ 按照时间顺序标记序号。

❹ 对相关内容进行分组，采用同色边框、连线。

田中：原来不是实时写出来全部内容，而是之后再补充啊？

阎魔：没错。不过后面补充的只是双线和边框，重点内容还是要实时记录好。

田中：是的！我应该怎么理解留白呢？

阎魔：空白处有"稍后填写意见""确认遗漏的内容并补充""提出疑问并填写回答"等用途。你可以在已画好的图上不断添加新内容，作为下次讨论的基础。

> 老师有话说

图标和图解内容越多时越要强调时间顺序

 阎魔：我们在图解时难免会遇到"不知道该从哪里开始说明、怎么说明"的情况。我们"头脑中整理的笔记"先不论，给别人解释说明的时候，最好强调时间顺序。请看下面这个例子。

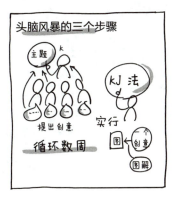 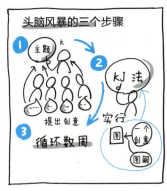

 田中：只要标出序号就易于理解了！

 阎魔：没错。如果边听边写，你就不可能写得整齐。而凌乱的图解除了自己以外谁也看不懂。所以我们可以标出顺序再用箭头连接起来，这样图解就更清晰了。

 田中：原来如此……我试试看！啊，对了，如果没有留白就没地方标记时间顺序的序号了！

 阎魔：没错。你要记住，为了便于后续整理，图解时一定要留白！

接下来，我们一边想象应用场景，一边练习"边听边图解"吧！

一学就会的
图解笔记术

第 7 天

快速图解!
魔鬼输出

一学就会的图解笔记术

图解商品和服务 ❶

"Alexa"

  阎魔：你练习到现在已经很努力了！最后我们来做一些实际的图解练习吧！

  田中：我能行吗？

  阎魔：你要有自信！

  田中：我明白了！

题 目

Alexa是亚马逊提供的基于云的语音识别服务。Amazon Echo是支持Alexa的代表性设备。例如，对Amazon Echo说："我想听音乐。"这些语音信息就会被Alexa翻译成文本。这些信息会被传送到Amazon Echo上，并执行"我想听音乐"的命令。另外，人们操作家电、视频通话、在亚马逊上购物等，只需要语音呼叫即可。

田中：说句题外话,这样连线比起随意地画要直得多呢!

阎魔：那么我们来看看题目吧!

阎魔：首先,我们在中间画1条分割线。从左上方开始写关键词。画线的时候,我们可以在上方和下方画两个点作为基准,从上到下连起来,这样画得比较直。

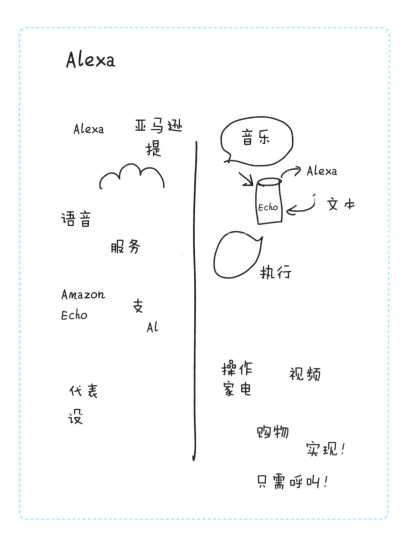

 阎魔：写关键词时，我们可以实时画出箭头，也可以之后再补充。我们先要把单词的首字母记下来，避免遗漏。

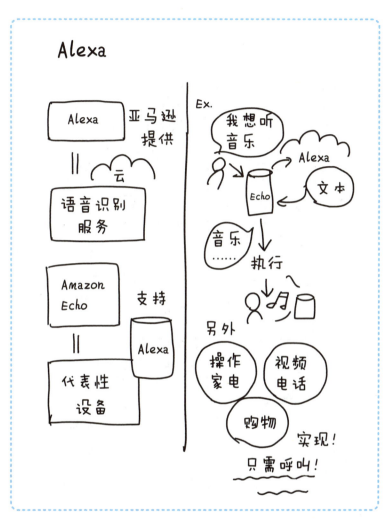

阎魔：现在，我们把漏掉的文字补上吧，然后再补充画"边框、箭头"使要素的关系更加明确。

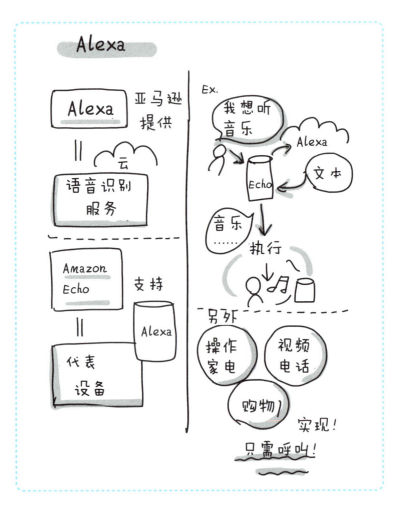

 阎魔：其次，为了使图解的上下文更容易被理解，我们可以<u>在切换话题的地方画出虚线</u>。如果想要更醒目的效果，可以给想要突出的标题、项目、关键词画下划线，或者用边框圈起来表示强调。我推荐大家使用灰色的记号笔。

第7天

一学就会的图解笔记术

图解商品和服务 ❷
"PayPay 支付"

题 目

通过 PayPay，用户可以选择以下三种方式进行支付。

1. PayPay 余额
2. 信用卡
3. yahoo! 积分

为 PayPay 余额充值时只能从银行账户扣款，所以选择 PayPay 余额需要事先在应用程序中注册账户。选择其他两种方式只需事先关联账号即可。

阎魔：如果你在图解时发现专有名词很长，就省略吧；用人物头像表示"用户"更快，只要能表达清晰就足够了。

PayPay 支付方式

👤 三选一

第7天 快速图解！魔鬼输出

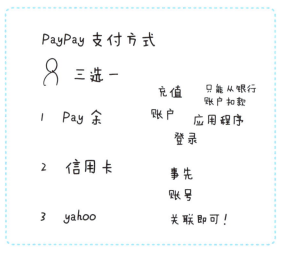

 阎魔：右边空出两个字左右的空间来写补充信息。因为题中说有"三种方法",所以你在图解的时候要有意识地将要素并列画出。

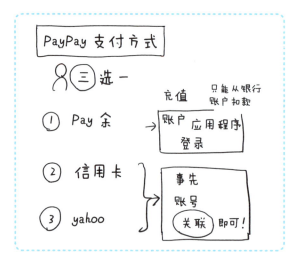

阎魔：你可以在谈话结束后简单地画边框进行总结。给 PayPay 余额、信用卡、yahoo！积分结算的详细描述内容画上大方框。将"三""关联"等你认为重要的词用圆圈圈起来。

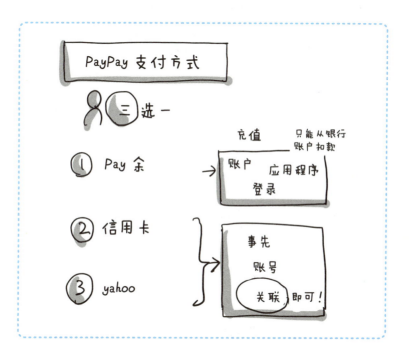

 阎魔：做收尾工作时，你可以试着用记号笔让内容更醒目。只要在三种结算方式的圆圈里画上标记，图解就会变得清晰易懂。

一学就会的图解笔记术

图解商品和服务 ❸

"在哪 GPS"

题 目

软银推出了一款可以用智能手机监控儿童行动的"在哪 GPS"。这是一款可以监控儿童和重要物品定位的终端,销售的套餐包含主机和两年通信费。终端可以保存最多 3 天的移动路线数据,具备防水防尘和短信通知的功能,还可以防盗。

阎魔:首先,我们画一条竖线分出两个区域,然后决定下笔的位置。

在哪 GPS

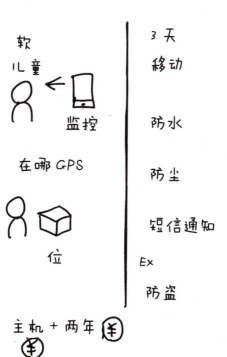

 阎魔：我们先写出关键词。图解时用图标表示"儿童""手机"会更方便。"主机和两年通信费套餐"之后的话题方向变了，所以把后面的内容写到旁边的区域吧。"在哪GPS"最多可保存3天的移动路线数据、防水、防尘、有短信通知功能，还有防盗等都是其优点，所以要纵向排列。我们很难把所有单词写下来，因此缩写就好。

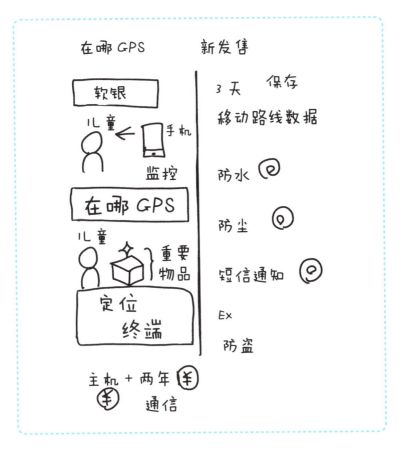

阎魔：在补充完文字和数字后，我们开始整理结构。如果给所有的词都画上边框就无法突显哪些是重点，所以要注意。我们为左列的"软银""在哪GPS""定位终端"画上方框，而右列的"防水"及以下内容不加边框，作为并列要素排列起来，这样就容易和其他要素区分开了。为了强调其优点可以画双重圈。

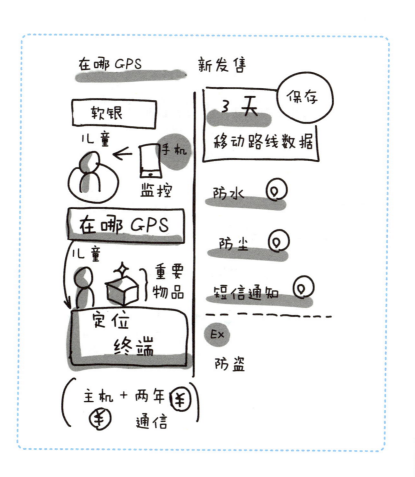

阎魔：为了便于大家理解，我们用箭头将商品名"在哪GPS"和功能连接起来。另外，给"3天移动路线数据"画边框加以强调，与其他优点进行区分。最后我们用记号笔在想要强调的关键词处画下划线或边框。用记号笔在人物头像上画上阴影，可以使内容信息变得更加清晰醒目。

一学就会的图解笔记术

图解商业模式

"LINE 原创表情商店"

 阎魔：好！接下来我们要练习的是对商业模式进行图解。

 田中：好像很难的样子……

 阎魔：没关系！我们要做的事情和以前一样！

> **题 目**
>
> 创作人员将制作好的表情放在 LINE 商店销售，用户可以在 LINE 商店购买表情。销售出去的每一套表情的 50% 销售额会分配给 LINE，50% 销售额会分配给创作人员。在使用该服务时，注册和申请均免费。

 阎魔：首先，我们要把纸分成两部分。然后写下关键词。写长单词时可省略部分内容，有意识地留出空白，以便后续补充。

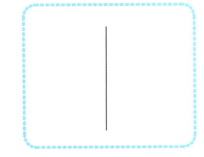

```
        LINE 原              商
                                    50%
          创          销售额            LINE
          表情    销售    一套      50%
            LINE 商店    表情         创作人员

                    购买    服务    免费
                        · 注
          用户              · 申
```

  阎魔：补充内容时不要忘记画人物头像！

```
        LINE 原创表情          商店
                                    50%
       8 创作人员     销售额           LINE
         表情      销售   一套       50%
            LINE 商店      表情        创作人员

                    购买    服务    免费
                        · 注册
         用户 8             · 申请
```

第 7 天 快速图解！魔鬼输出

阎魔：我们画上边框和箭头，让关键词和要素间的相互关系变得更清晰吧。画边框<u>将"创作人员"和人物头像变成一个整体，会更容易理解其关系性；</u>画"用户"时也同样画出边框，便于与创作人员进行对比。为了将"LINE 商店"与人物进行区别，我们画上方形边框吧。然后画箭头表示用户、创作人员、LINE 商店之间的关系。用圆圈圈起来销售和购买，再用箭头和虚线连接它们。

阎魔：画销售额的分配(各占 50%)时用相同的边框，便于比较。"<u>在使用该服务时……</u>"是关于费用的话题，要<u>画虚线来划分区域</u>。最后，我们用记号笔突出重点。在关键词和想要强调的地方添加下划线和边框。

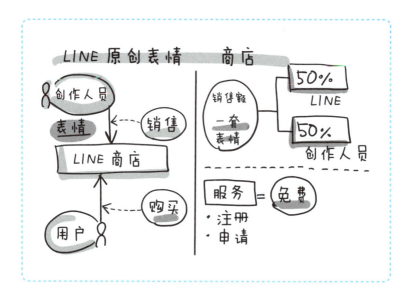

第7天

图解商业模式 ❷
"价格.com"

题 目

价格.com 的收益点有三个,即购物业务、服务业务以及广告业务。购物业务是根据点击量和销售额从使用该业务的店铺收取手续费;服务业务是通过宽带线路合同的手续费,以及保险、金融、二手车搜索等估价手续费获得收益;广告业务是通过销售以价格.com 为媒介的横幅和广告获得收益。

阎魔:这次我们尝试不画分割线吧,先写标题,从"收益点有三个"开始。注意,要有意识地在各个区域留出空白。

```
价格.com 商业模式
收益点
购物    服务    广告
```

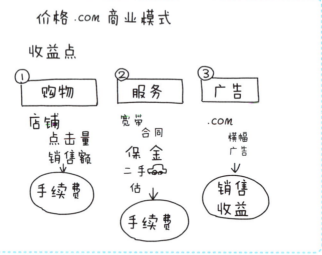

 阎魔：图解分三部分排列。为了便于理解，我们也可以添加序号。画车的图标表示二手车也有助于加快图解的速度。

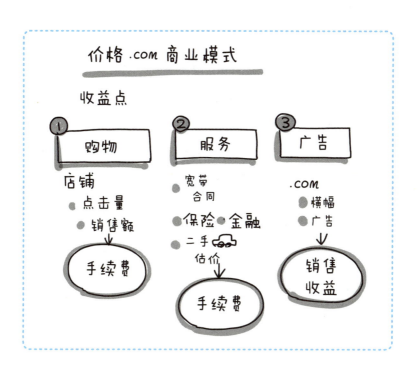

 阎魔：不要忘记补充关键词的省略部分。我们可以画箭头表示业务内容→收益流程，再圈出"手续费""销售收益"，与业务名称相区别，便于大家理解。最后，我们可以用记号笔突出重点，区分各部分内容；通过添加下划线和边框等，使图解更加清晰。

第7天

图解商业模式 ❸
"优步"

题 目

优步的商业模式被称为"平台型"。这是一项由智能手机应用程序协调用户和司机的服务。用户委托优步打车,支付车费加手续费。优步为司机安排约车服务,扣除手续费后支付车费。司机和用户互相进行评价。该服务的优点有:用户不用说目的地、线上结算令人放心、没有等待时间、到达目的地的速度快等;而对司机来说,他们可以有效地使用时间和车辆。

阎魔:首先我们画一条竖线将纸面一分为二,写上标题。

优步商业模式

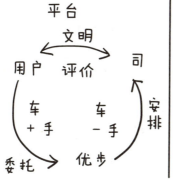
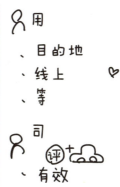

 阎魔：一边留白一边写下关键词。如果要把每个词都写出来会来不及，因此我们可以只写一个字，之后再补充，比如写"司机"时只写"司"。

 田中：如果画了汽车的图标，就算只写"司"也能马上联想到司机。

 阎魔：对！我们要避免为了写下所有字而来不及记录后面的内容的情况。<u>要活用图标，补充关键词！</u>

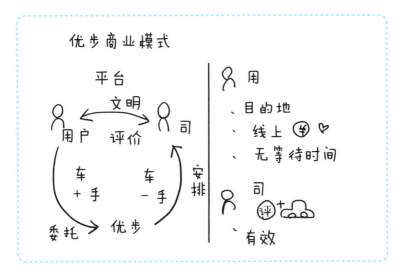

 阎魔:"车费"用¥表示,然后画出边框让图解更清晰!

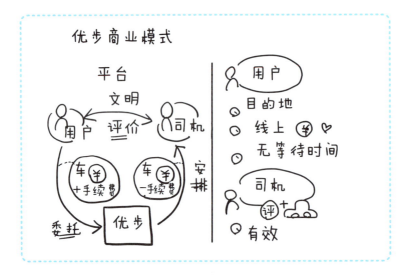

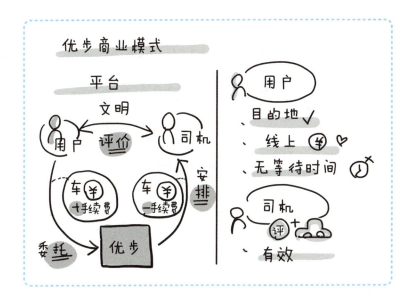

阎魔：我们整理结构的要点是，**为用户和司机画上圆框，为优步画上方框，明确各自的属性**。另外，在"委托"和"安排"的流程中补充了车费和手续费的信息，用虚线连接起来，便于理解。做收尾工作时，进一步突出重点吧。当边框过多或要素过多难以读取信息时，**为了使图解更清晰，我可以用黑色以外的记号笔来区分**。改变用户、司机、优步的样式，并涂上灰色。

一学就会的图解笔记术

图解有分量的讲话 "WORKMAN"

题 目

WORKMAN 在致力于彻底消除浪费。例如尺寸,"这个商品的销售构成比:M 是 22%,L 是 35%,LL 是 22%",像这样用精确的预测系统进行调整,尽量使生产量等于销售量。而且,WORKMAN 的大部分商品都是自持品牌,没有中间商。WORKMAN 正在将"高性能 × 低价格"这一核心策略推向极致。

由于劳动人口减少,该公司认为今后市场规模缩小是不可避免的。于是在 2010 ~ 2011 年制作了面向女性的商品。改变了防水性、透湿性高的轻量雨衣套装的设计,以 2900 日元的价格销售,结果大受欢迎。之后,该公司将自己的产品推向钓鱼、骑车等户外市场。这个过程非常有趣。例如,骑摩托车的人喜欢"便宜又保暖"的防水防寒套装,并通过 SNS 视频传递了相关信息。据此,WORKMAN 判断"面向这类用户的服装的下裆和膝盖最好是立体裁剪的"并对商品进行了改良。WORKMAN 通过网络搜索发现顾客的需求,以匠人的态度进行改进,最终开创了相关的品牌"AEGIS"。WORKMAN 爆红的直接契机是这一事件。2018 年,该公司在东京立川的啦啦宝都商场开设了新店"WORKMAN+",其定位是"招揽顾客的广告塔"。新店开业第一天就排起了长队,各种商品缺货,非常受欢迎。受此影响,WORKMAN 加快了"WORKMAN+"的开店速度,并一直持续到现在。

田中：老师，这么长的内容到底该怎么图解……

阎魔：别退缩！对于长篇大论的内容，你在进行听写时首先要注意划分区域，从左上方开始写。

阎魔：如果出现数字你要正确地记下来。在这个阶段我们还不能确定讲话的进度，所以一开始不要把字写得太大。

关于 WORKMAN

消除浪费

ex 尺寸 销售额 M22%

L35%

LL22%

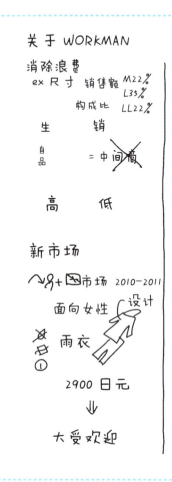

阎魔：听写的时候不用把所有的词全部写下来。我们<u>只需写第一个字，之后再补充</u>。对于"劳动人口减少……市场规模缩小""防水性、透湿性高的轻量雨衣套装……"等信息用简单的图标表示，之后再补充文字。

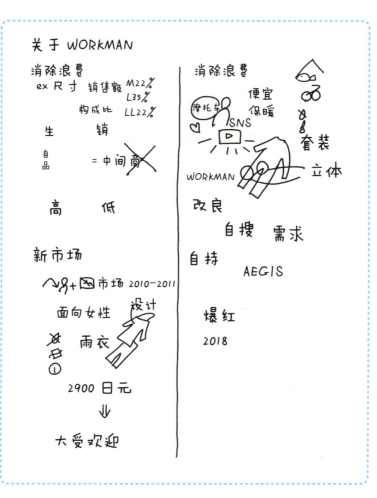

 阎魔：钓鱼、骑车、防水防寒……这些不用都写清楚，用自己能回想起内容的图形和文字，记下最基本的信息即可。切换话题时空白要多留一些，便于之后补充内容。

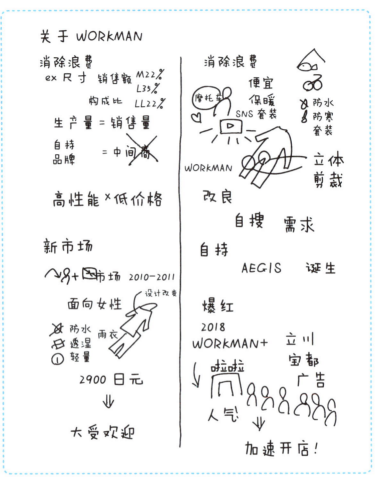

 阎魔：听完全文后，我们可以把高"性能"×低"价格"等省略的信息补充完整。写错字的时候我们可以画双线划掉，在旁边订正。出现过两次的词，可以省略。

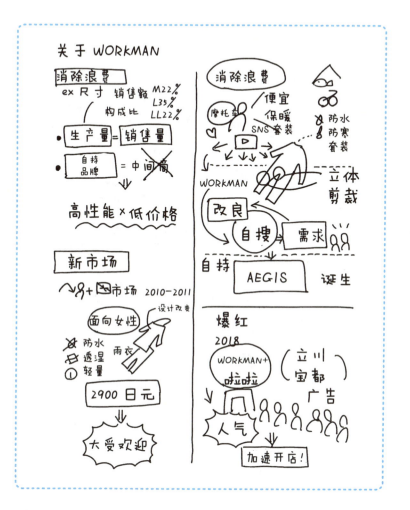

 阎魔： 圈出关键词，在话题切换处画出虚线或实线加以区分。这时，我们可以给并列关系（例如"生产量"和"销售量"）画上同样的图形，将想要强调的"大受欢迎"等词语用醒目的边框标记，变换图形，便于理解。

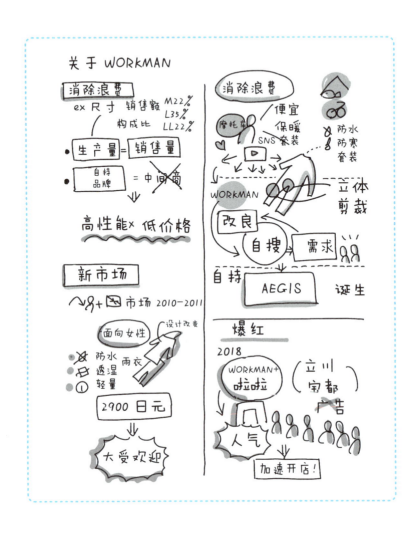

 阎魔：最后一步是突出重点。我们可以画边框表示强调或在重点的地方画下划线，便于看图的人快速理解内容。

一学就会的图解笔记术

提升图解准确度的"5 个技巧"

 田中：老师，我完成了！

 阎魔：不错，你做得很好！最后，我来教你提升图解准确度的 5 个技巧吧！

 阎魔：第一个技巧是"空间不足时的解决方法"。

❶ 如果你用笔记本记录的话，当切换谈话内容时，若你觉得空白空间不多，应该马上翻到下一页。

❷ 你用白板的时候，如果感觉白板空间不够用，可以先用手机拍下来，然后擦掉白板上旧的内容继续写。

❸ 如果你用的是模造纸，在空间不足时可以写在别的纸上，然后把纸拼起来。

 阎魔：你要注意不要写得太密，不然看图的人很难读取信息。

 田中：明白了！我会留出空白的！

 阎魔：第二个技巧是"一定要写日期"。

田中：日期吗？我觉得日期似乎并不重要啊。

 阎魔：错！图解的弱点是无法检索。但你只要知道是哪一次会谈，回顾时就会记起："啊，是那个时候的！"很容易回想起细节！

 田中：确实如此。如果没有日期，我可能会想："这是在商量什么？"

 阎魔：第三个技巧是"<u>不要加入过多的颜色</u>"。很多人为了让内容更易懂，在图解时会使用很多的颜色，但这样反而会让人眼花缭乱。

 田中：我明白。因为图解时使用了过多的颜色，会导致人看不清重点。

 阎魔：如果要强调重点，就加入一种较浅的颜色吧。比起鲜艳的荧光色，色调偏暗的颜色更适合。我推荐你使用灰色。

 田中：灰色啊！我这就去买灰色笔！

 阎魔：第四个技巧是"<u>注意文字的粗细</u>"。你在笔记本上画图的时候最好使用 0.5mm 的笔，可以写出细小的文字，可视性很好。在做线上分享时我建议你选择 0.7mm 的笔。如果要在白板上图解，你就要思考"从多远的距离看"，如果距离为 2 米左右的话，你用中粗笔图解就可以了，但如果距离是 5 米的话，你写标题等内容时就要用极粗笔。

 田中：我看了一下自己的文具，只有 0.5mm 的笔。我要去加购！

 阎魔：第五个技巧是"注意文字的写法"。

 田中：注意写法？这是什么意思呢？

 阎魔：你写字的时候不是会倾斜吗？最常见的是字体"向右上扬"。你斜着看向右上扬的文字时不容易看清。"字"要写得方正，同时扩大文字中的空间。

 田中：我根本没想过这个问题！谢谢老师！

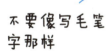

后 记

为了从明天开始"立即"图解

阎魔：田中，到此为止，所有的课程都结束了。你有什么困惑吗？

田中：有，比如和客户谈话的时候我不知道该怎么开始写。

阎魔：原来如此。这是有诀窍的，你可以先问客户："我可以做笔记吗？"

田中：但是也有人不愿意谈话内容被记录吧。

阎魔：是啊。你要分析判断当时的状况，并不是什么时候都要图解。如果图解影响谈话进程，或是让现场陷入僵局，都是不好的。

田中：我会注意不要得意忘形的。

阎魔：另外，一开始的时候，"写自己用的笔记→与他人分享→写下意见→再与他人分享"也是一种做法。

田中：这个方法很好，我试试看！

阎魔：图解不能仅仅是为了表现，我们是为了共享信息、消除误解、记录对话、将构思转化为现实、取得成果等进行图解。

 田中：是。当场图解的目标是分享。我会铭记在心的！

 阎魔：总而言之，图解是让我们的工作变得更高效、更有趣的"武器"。画图给他人看，就能知道彼此的想法有何不同。图解能帮我们快速传达信息，让瞬间产生的创意变成可实现的项目。从你走出这扇门的那一刻起，你就不再是一无所知了。

 田中：我能做到吗？

 阎魔：你要有自信。与其说一百句话，不如先画一张图。你能画出什么，就能改变什么。向着明天，全力以赴"图解一切"吧！

 田中：好！在明天的线上会议上，我要有自信地做会议记录！

 阎魔：好！你大胆地去做吧！

阎魔老师最后的叮嘱

如果你在和客户谈话时突然拿出纸笔开始记录，对方可能会有所防备。你可以提前问一句："我可以把谈话内容写下来吗？""请允许我记录一下"。

你一旦开始记录，就容易被要求做"完美的会议记录"。但图解可不像用机器录像，还是事先说明了比较好，比如："大家可以把我现在记录的内容当作讨论的基础"。

首先，从整理自己头脑中的构思开始练习图解吧。习惯了之后，你可以进行一对一的讨论、一对多的会议等图解，逐渐增加人数。

然后，把你画好的图给别人看。根据他人的反应可以检查"图解内容是否容易理解""有没有不清楚的地方"等。"这是什么意思？"这样的问题是最宝贵的，你下次图解时可以改进。

不要力图画得很好看。人看到漂亮的图就会变成鉴赏者。你要意识到，不是要画"漂亮的图"，而是要画"能传达信息的图"。

你图解完一定要回顾内容。如果图解会议内容，那么参会者的反应是什么？如何分配时间？图解对解决问题有帮助吗？对这些问题进行思考，为下次图解做好铺垫。

田中的来信

阎魔老师，谢谢您。

在您的严格要求下我度过了难忘的七天，不停地画图的那段时间，仿佛已经是很久以前了。

以前不擅长图解的我，现在已经可以一边开会一边把内容画成图给大家看了。以此为基础，我们可以不断向前推进与会相关的讨论。

因为图解不是录像、录音，所以它并不完美。但是，我们的交流氛围确实比以往更加火热了。

我把会议记录的图解上传到公司内部网络上，反响(类似 SNS 的"点赞")很热烈。一般能得到 70 个赞就已经很厉害了，但我竟然得到了 900 个赞！

"新事业部的会议气氛很热烈啊！""我也想参加会议！"我收到了这样的邮件。但我认为这仅仅是一个开始。

前几天，我把事业部提出的小创意一一图解出来。因为是线上的头脑风暴会，参会者之间有相当大的距离感，大家一边看着图解，一边修改创意。在短时间内提高了效率，进展快到能在公司内部演示的程度。

新员工也好，老员工也罢，不论职位高低，大家都能滔滔不绝地发表意见,这都多亏了"一学就会的图解笔记术"。

最后一次上课时,老师说了这样的话。

"我传授的技能,就像钻孔的钻头。你不要因为有钻头而高兴,重要的是你想用它打出什么样的孔?"

说实话,当初听到这句话的时候,我并没有理解其含义。但是,在开完那场头脑风暴会议之后,我恍然大悟:"啊,原来是这样。"

以前总想听到上司说:"你已经超越了前辈们",总想被认可,也有想在大家面前帅气地图解的心情。

但现在这些已经不重要了。

我想用这个钻头钻开一个小小的孔,创造出新的东西。我会不断坚持,用图解推进项目,直到团队成员共同想出的创意成为现实。

老师,请您保重身体。我知道不用我说您也一定会的。

文具推荐

使用不同的文具，让图解更有效。

适用于写在纸和笔记本上

推荐用笔

派通　ENERGELX

能写出清晰的文字，便于速记，笔墨速干。你在书写细小文字时用笔尖直径为 0.3mm 的笔最好，万能笔的笔尖直径为 0.5mm。如果是在线上会议等隔着屏幕看图解的场合，我推荐大家使用笔尖直径为 0.7mm 的笔。

斑马　柔和荧光笔

淡色墨水柔和不伤眼。虽然这种笔也称作荧光笔，但是与一般的荧光笔相比颜色柔和，标记方便，不容易透纸。柔和荧光笔采用双头设计，粗细两用，画大范围、小细节时均可使用，颜色也很丰富。

记号笔的使用方法

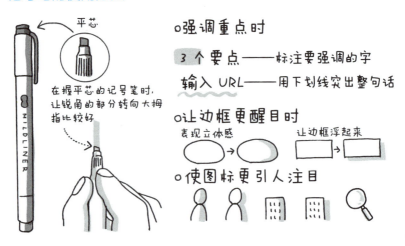

推荐笔记本

Marks 创意笔记本 + 便签 B5 横向型

我推荐的是带有便签的横向笔记本。B5 横向型,可以充分利用桌面空间,开线上会议时也方便记录。传统的方格变成点阵方格,提升了书写自由度。方格笔记本根据方格大小将字号分成大、中、小,也便于你在图解时划分区域。

欧文印刷 NuboardJABARAN

这是一种白板笔记本，折叠型的白板，不用翻页就能继续写字，方便迅速了解整体情况。

在大型会议或工作会议上

推荐用笔

三菱铅笔 PROCKEY 双头记号笔

在模造纸上写字需要用粗芯的笔。这款双头记号笔有圆芯和角芯，可以画出线条的强弱。如果是在张贴在墙上的纸上图解，我推荐大家使用不会透到背面的水性笔。

百乐 BOARDMASTER 极粗

如果是在白板上写字，我推荐大家使用这支笔。它的可换墨囊十分环保。我特别推荐这款极粗笔，笔尖平稳，写出来的内容从远处看也清晰可见。

模造纸、白板纸

MARUAI 方格模造纸　白色

选模造纸时，我推荐大家选用方格的。这款纸容易吸收油性笔的墨水，快速定型。

写乐便携白板纸

这种纸只要贴在墙上就能变成白板，也可以在桌上摊开使用。

能在工作中立即使用
随手就能画的 200 个精选图标

商务图标　IT 相关

 链接

切断链接

 输入

 输出

 笔记本电脑

 缩小

 放大

 检索

 安全（网络）

 树形图

 云、同期

 云

 网络

 打印机

 智能手机

 人工智能①

 人工智能②

 鼠标

 视频

 Wi-Fi、信号

 服务器

 路由器

 数据传输

 数据库

 服务器、网络

商务图标　移动、场所

地点　　指南针　　国际、世界　　地球　　自行车

工厂　　店铺　　公司　　公司（分店）　　民居

学校　　银行　　酒店　　救护车　　配送

车　　卡车　　出租车　　电车　　公交车

电动汽车　　帆船　　着陆　　起飞　　火箭

商务图标　时间

日历　　　　日历、时间　　　计时器　　　　闹钟　　　　　时间

商务图标　工具

铅笔、记录、笔记　图钉　　　　回形针　　　　相机　　　　屏幕、显示器

邮件　　　　　书　　　　　智能手表　　　　笔记　　　　　公文包

笔记本　　　　VR　　　　身份证、驾驶证　　新闻　　　　文件、文件夹

规模　　　　扩音器　　　　文件　　　　　钥匙　　　　　计算器

商务图标　图像

商务图标　金钱

商务图标　护理、医疗

 洗澡　 塑料瓶　 护理　 体温计　 大脑

 药　 肺　 厕所　 注射　 心电图

 听诊器　 牙齿　 眼镜　 轮椅　 病例

 体温（升高）　 水、水分　 急救、医院、医疗　 婴儿车　 清扫

 打点滴　 口罩　 奶瓶　 剪刀　 禁烟

商务图标　生活

商务图标　环保、能源

 环保、回收利用　 气温、温度计　 森林　 树　 垃圾、回收利用

 自然、回收利用　 自然、培育　 环保　 回收利用　 能源、回收利用

 鸟　 手（拥抱）　 拥抱地球　 拥抱自然　 环保和地球

 太阳能发电　 风力发电　 火力发电　 汽油　 电源

 原子能　 自来水　 充电桩　 电池　 火

商务图标　工业、电

 天线、接收　 人造卫星　 速度表　 速度表（加速）　 维修

 半导体　 无人机　 电力　 电波　 仪表

 电池　 机器人　 危险　 化学、研究　 监控摄像头

商务图标　其他

 物品　 靶子　 降价　 冰山一角　 闹钟

 鼻子　 嘴　 耳朵　 指　 获胜

商务图标的使用诀窍

- 你练习至少五次之后就能快速画出来。

- 如果你广义地去理解，图标应用的场景就更广泛了。例如，"T恤＝衣服""嘴唇＝说话、聊天"这样去使用。

- 图标可以单独使用，但是组合起来意义更丰富。

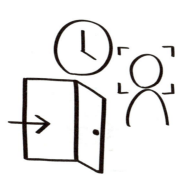

到时间后只能刷脸进入房间

组合图标　电子系列

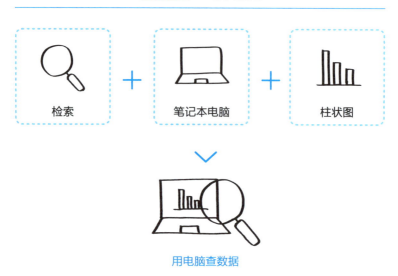

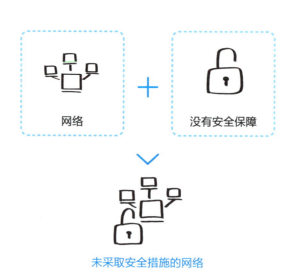

结语
难忘的一句话

感谢您读到最后。

通过这本书,让读者感受到"图解并不难""用语言无法说明的时候,当场图解可以促进沟通",这就是我写书的初衷。

我一直忘不了,我的讲座上的一位学员对我说的一句话。他是在外资企业工作的年轻人。讲座结束后,他这样说:

"我今天非常开心,感觉思路被打开了。但是在我所在的公司,恐怕今天学到的东西不能派上用场了……"

听了他的话后,我得知他有很多很强势的上司,公司里没有图解的氛围。

当时我的经验尚浅,无法给他好的建议,只能目送着他离开讲座会场。

当时的我,对参加讲座的学员的笑容和表示感谢的问卷调查很满意,对讲座的内容的有用性毫不怀疑。正是在那个时候,他的那句话在我脑中回荡。

在被深色的办公家具和双手抱臂的上司们包围的场合,用画图来表达想法需要多大的勇气啊。

那句话成了一个契机。

解释说明的时候、有意见冲突的时候,怎样才能在上司、员工、客户面前毫不犹豫地拿起笔来图解呢?

我重新审视了讲座的内容，并进行了彻底的修改。

时代的潮流也成了契机。

现在有一家外资企业向我提出"希望你能将会议的内容实时可视化"的要求，让我切实感受到图解技术正被广泛认可。

我从参加讲座的学员那里得到了很多职场案例和具体的图解应用报告。

每当这时，我就会有想要助他们一臂之力的想法。我希望将后悔转化为"前进的动力"，向更多的人传授可实操的图解技术，这也是我撰写本书的初衷。

这本书是在有鞭策我、鼓励我的各位朋友的帮助下才得以完成的。

首先我要衷心感谢钻石社的中村明博先生。他把无名的我的稿件拿出来，在新冠疫情肆虐的背景下，锲而不舍地审视原稿、打磨内容。

还要感谢陪我一起笑过、哭过的公司的同事、朋友们；还有支持我的自由工作方式的 TAM 株式会社的各位同仁们；在"画吧！"这项活动中相遇并支持我的伙伴们；共同度过学习时间的各位学员们；与我共同度过学生时代的良友们。今后也一起奔跑吧。

感谢我的客户们，在充满紧张感的会议现场，信任我、推动我向前进；还要感谢我的前辈给予我很多有益的建议。坦率的意见和鼓励的话语是任何东西都无法替代的。

还有，我要发自内心地感谢我的家人们，他们一直支持我不顾一切地奔跑。

最后，我把祝福送给拿起这本书的你。

衷心希望这本用图解传达心意的《一学就会的图解笔记术》，能帮助你开发工作的可能性。

2020 年 9 月

一起画吧！人生是最美好的！

日高由美子